rowohlt repertoire
macht Bücher wieder zugänglich,
die bislang vergriffen waren.

Freuen Sie sich auf besondere Entdeckungen
und das Wiedersehen mit Lieblingsbüchern.

Alle **rowohlt repertoire** Titel finden Sie auf
www.rowohlt.de/repertoire

Rechtschreibung und Redaktionsstand dieses Buches
entsprechen einer früher lieferbaren Ausgabe.

Veröffentlicht im Rowohlt Verlag, Reinbek bei Hamburg

Umschlaggestaltung Anzinger und Rasp, München
Druck und Bindung CPI buchbücher.de, Birkach

ISBN 978-3-688-10443-7

rowohlt repertoire

Zu diesem Buch

«Der Mystik-Markt ist voll von Angeboten», sagt Adolf Holl, «... der geschäftliche Niedergang der alt-renommierten Gnadenfirmen (der Kirchen!) hat eine Menge unseriöser Unternehmen begünstigt ... die mischen östliche und westliche Geheimlehren zum garantiert wirksamen Seelen-Tee ... feiern schwarze Messen ... veranstalten Meditationskurse ...» Die Sehnsucht nach dem Sinn des Lebens, nach ewigen Werten und letzten Wahrheiten greift jede Neuerung begierig auf, die eine Flucht aus dem genormten Alltagsleben verheißt, das keinen Raum mehr zu lassen scheint für Träume, Wünsche, Wunder.

Das ist ein Irrtum, meint Adolf Holl, Mystik läßt sich überall finden – im Alltag, beim Nachbarn um die Ecke, man muß sie nur als solche wieder erkennen lernen.

Voraussetzung ist, daß wir Kopf und Herz leerräumen vom Fasziniertsein durch Pompöses und Bedeutendes, von der Ehrfurcht vor reinem Fachwissen, von der Fügsamkeit vor Autoritäten, von der Idealisierung der Vergangenheit. Wir müssen wieder lernen, Mißtrauen gegenüber «letzten Wahrheiten» wachzuhalten, Veränderungen zu befürworten und «kleine Weigerungen» zu wagen.

Adolf Holl hält sich nicht an die herkömmlichen Regeln für das Abfassen von Sachbüchern. Seine vierzehn Lektionen für den Anfänger, der im alltäglichen Leben wieder Geheimnisse entdecken und nicht auf die große Erleuchtung warten will, sind eine amüsante und geistreiche Mischung aus autobiographischen Notizen, historischen Informationen und theoretischen Überlegungen. Sie regen an, die eigene Erlebnisfähigkeit im Täglichen wieder neu zu entdecken und zu fördern.

Adolf Holl, geboren 1930 in Wien, Doktorate der Theologie und Philosophie, Universitätsdozent für Religionswissenschaft. Von 1953 bis 1972 Kaplan und Religionslehrer. 1973 kirchliches Lehrverbot, 1976 als Priester suspendiert. Lebt als freier Schriftsteller in Wien. Seine Bücher wurden in zwölf Sprachen übersetzt, ihre Gesamtauflage beträgt 210000 Exemplare. Wichtigste Titel: «Jesus in schlechter Gesellschaft» (1971), «Tod und Teufel» (1973), «Wo Gott wohnt» (1976).

Im Frühjahr 1985 erschien bei Rowohlt «Mitleid im Winter. Erfahrungen mit einem unbequemen Gefühl».

Rowohlt Verlag GmbH, Kirchenallee 19, 20099 Hamburg

Kontaktadresse nach EU-Produktsicherheitsverordnung:
produktsicherheit@rowohlt.de

Adolf Holl

Mystik für Anfänger

14 Lektionen
über das Geheimnis des Alltäglichen

rororo

Rowohlt

27.–29. Tausend November 1987

Umschlagentwurf Heinz Waldvogel
Veröffentlicht im Rowohlt Taschenbuch Verlag GmbH,
Reinbek bei Hamburg, Mai 1979

Satz Times (Linotron 505 C)
Gesamtherstellung Clausen & Bosse, Leck
Printed in Germany
680-ISBN 3 499 17252 6

Inhalt

Einleitung

Warum hat meine Mutter keinen Haupttreffer gemacht?

Sie hat 40 oder 50 Jahre in der Österreichischen Klassenlotterie mitgespielt, mit einem Achtellos. Ein paarmal gewann sie den Einsatz zurück, und einmal, im Jahr 1935, einen Betrag in der Höhe eines Monatsgehaltes. Damit kaufte sie für mich eine komplette Garderobe, in vornehmen Stadtgeschäften. Ich war damals fünf Jahre alt. Meine Mutter arbeitete von 8–16 Uhr in einem Büro, und von 17–23 Uhr in einer Zeitungsredaktion. Sie war Sekretärin und Pressestenografin. Im Jahr 1938, zu Weihnachten, ging ich mit meiner Mutter in das Kaufhaus Gerngross auf der Wiener Mariahilferstraße. Ich wünschte mir eine Spielzeugeisenbahn, Marke Märklin, Spurweite 00. Ich bekam sie nicht, denn meine Mutter hatte zu wenig Geld.

Nicht einmal ein paar Schienen und diese Lokomotive da?

Nein, das können wir uns nicht leisten.

Warum habe ich damals keine Spielzeugeisenbahn bekommen?

Zweifellos war es für meine Mutter schmerzlich, meinen Wunsch nicht erfüllen zu können. Später, als ich schon selber Geld verdiente, sprach meine Mutter immer noch vom Haupttreffer. Sie wollte mir damit eine Freude machen. Über die Verwendung des Geldes im einzelnen sprach sie nie. Ihr genügte es, auf den Haupttreffer zu hoffen. Sie würde dann das Geld holen und mir geben.

Mehr wollte sie nicht.

Als meine Mutter schon älter war und ihre Doppelbeschäftigung aufgegeben hatte, ging sie nach dem Büro ganz gern in die Kapuzinerkirche in der Inneren Stadt. Sie wohnte dort der Messe bei und betete unter anderem auch zum heiligen Judas Thaddäus. Dieser Heilige hat in Wien einen sehr guten Ruf als Helfer in allen möglichen Anliegen. Wenn einer der Wünsche meiner Mutter in Erfüllung ging, bekam der heilige Judas Thaddäus eine Kerze.

In bezug auf den Haupttreffer versagte der heilige Judas Thaddäus. Meine Mutter war ihm deshalb nicht böse.

Auch der heilige Antonius (von Padua) stand bei meiner Mutter in hohem Ansehen. Der heilige Antonius ist besonders für Verlorenes zuständig.

Einmal, als meine Mutter einen Wellensittich in Pflege hatte, flog der Vogel aus dem Fenster. Meine Mutter betete zum heiligen Antonius, und eine halbe Stunde später sah sie vom Balkon eine Passantin, die den Sittich auf der Straße einfing.

Der heilige Antonius bekam eine Kerze.

Aber auch der heilige Antonius vermochte meiner Mutter keinen Haupttreffer zu vermitteln.

Zu Gottvater oder zur Heiligen Dreifaltigkeit insgesamt hat meine Mutter nie um einen Haupttreffer gebetet. Auch nicht zum Gekreuzigten im besonderen. Meine Mutter hatte eine Scheu, die höchsten Instanzen mit ihrer Bitte um einen Haupttreffer zu behelligen.

Zur Muttergottes hingegen betete meine Mutter auch um den Haupttreffer. Leider ohne Erfolg.

Als ich erwachsen war und Theologie studiert hatte, pflegte ich meine Mutter gelegentlich wegen ihrer Beziehungen zum heiligen Antonius und zum heiligen Judas Thaddäus zu hänseln.

Das war ein schwerer Fehler.

In den ersten Jahren nach Kriegsende, als die Lebensmittelversorgung sehr dürftig war, unternahm meine Mutter von Zeit zu Zeit Expeditionen in die ländliche Umgebung von Wien. Sie tauschte Wäsche und Schmuck bei den Bauern gegen Nahrungsmittel. Bei diesen Unternehmungen führte sie auch ein Paket Wahrsagekarten mit sich. Solche Karten sind in Fachgeschäften erhältlich, und eine kurze Gebrauchsanweisung wird mitgeliefert. Meine Mutter kaufte also Wahrsagekarten, und eine Bekannte sagte ihr die Grundregeln.

Meine Mutter war beim Kartenaufschlagen ganz geschickt, und die Bauern gaben ihr dafür ein paar Eier.

Obwohl ich zu dieser Zeit noch nicht Theologie studierte, übte ich Kritik an der wahrsagerischen Tätigkeit meiner Mutter. Ich sagte: Das ist ein Aberglauben!

Als die Zeiten besser wurden, habe ich die Wahrsagekarten vernichtet.

Auch das war ein schwerer Fehler.

Die Anhänglichkeit meiner Mutter an die Österreichische Klassenlotterie wurde gelegentlich von Zweifeln erschüttert. Meine Mutter sagte dann zu mir:

Glaubst du, soll ich weiterspielen?

Nein, sagte ich dann. Du siehst ja, daß du in den vielen Jahren noch immer nichts gewonnen hast.

Wiederum ein schwerer Fehler.

Meine Mutter hat trotzdem weitergespielt. Sie sagte:

Was nicht ist kann noch werden!

Dieser Satz drückt die gesamte Philosophie von Ernst Bloch aus.

Meine Mutter hat von Bloch nichts gelesen. Sie las Romane von Adlersfeld-Ballestrem, Galsworthy, Eschstruth, Ganghofer, Cronin.

Meine Mutter war in eine Leihbibliothek eingeschrieben.

Sie las gerne im Bett und schlief meistens beim Lesen ein.

Im Portemonnaie meiner Mutter befand sich ein Foto von meiner Promotion zum Doktor der Philosophie. Auf dem Bild war der Augenblick der Überreichung der Promotionsurkunde festgehalten. Mein Doktorvater, im akademischen Ornat, lächelte freundlich. Ich trug einen dunklen Anzug mit Priesterkragen und lächelte auch. Das war 1961. Meine Mutter befand sich damals bereits im Ruhestand. Sie war 44 Jahre und 10 Monate berufstätig gewesen, seit ihrem 17. Lebensjahr. Meine Geburt ereignete sich im 33. Lebensjahr meiner Mutter. Bald danach dürfte sie ihr erstes Los bei der Österreichischen Klassenlotterie gekauft haben. Mein Vater sah sich außerstande, meine Mutter finanziell zu unterstützen. Ich habe ihn nie kennengelernt. Er ist schon lange tot.

Der Ruhestand meiner Mutter währte 15 Jahre und 4 Monate. Während dieser Zeit äußerte sie manchmal den Wunsch, mir ein größeres Geldgeschenk machen zu können. Vielleicht dachte sie immer noch an jene Spielzeuglokomotive, die sie mir nicht hatte kaufen können.

Die Österreichische Klassenlotterie besteht seit dem Jahre 1913. Sie untersteht dem staatlichen Glücksspielmonopol. Gespielt wird in sechs Hauptklassen und fünf Zwischenklassen. Jede Klasse bedeutet eine Ziehung (Auslosung), und die Spieldauer einer Lotterie beträgt etwa ein halbes Jahr. Die Zahl der Mitspieler beläuft sich derzeit auf rund 150000 Personen.

Jede dieser Personen wünscht sich einen Haupttreffer.

In jeder Lotterie gibt es nur einen Haupttreffer. Er wird auch «großes Los» genannt. Das große Los wird in der letzten Ziehung gezogen. Der zum Haupttreffer führende Vorgang wird «Zufall» genannt. Zufällig hat meine Mutter nie einen Haupttreffer gemacht. Eine (wissenschaftliche) Erklärung dafür gibt es nicht. Meine Mutter hat nach einer solchen Erklärung auch nie gesucht. Sie war über den ausbleibenden Haupttreffer nicht besonders unglücklich. Gelegentlich gestand sie mir, daß sie mit Gott gehadert hätte.

Ihre Versuche, den Zufall zu beeinflussen, waren religiöser Art, wie bereits erwähnt. Sie betete zum heiligen Judas Thaddäus und zum heiligen Antonius, allenfalls auch zur Muttergottes. Ihre Wünsche, die sie in ihren Gebeten vorbrachte, waren keineswegs dunkel. Sie wußte, was sie sich wünschte. Unter ihren Wünschen war auch jener nach einem Haupttreffer.

Er ging zeit ihres Lebens nicht in Erfüllung, was sie aber nicht hinderte, weiterzuspielen.

Diese Haltung ist gar nicht so selten unter den Menschen anzutreffen. Anderenfalls gäbe es keine Lotterien und keine Religionen.

Meine Mutter war nie politisch aktiv.

Ihre Stimme gab sie den Christlichsozialen, und erst im Jahr 1970 probierte sie es mit den Sozialdemokraten. Im Jahr 1938 stimmte sie gegen Hitler, und als sie von ihren damaligen Vorgesetzten aufgefordert wurde, der Partei beizutreten, weigerte sie sich. Man legte ihr dann nahe, aus der katholischen Kirche auszutreten, was sie aber auch nicht tun mochte. Da sie in ihrem Beruf tüchtig war, durfte sie dennoch ihren Posten behalten.

Ihr Achtellos wurde während dieser Zeit von der Deutschen Klassenlotterie ausgegeben.

Die erste mir erinnerliche politische Unterweisung von meiner Mutter erhielt ich im Alter von zehn oder elf Jahren. Ich war damals pflichtgemäß bei der Hitler-Jugend und erklärte meiner Mutter, daß jetzt das Tausendjährige Reich begonnen hätte.

Meine Mutter sagte: Nur Gott ist ewig.

Als ich meiner Mutter meinen Wunsch gestand, katholischer Priester zu werden, zeigte sie sich nicht sonderlich erfreut. Der einzige Rat, den sie mir gab, bestand in der Ermahnung, mir die Sache gut zu überlegen. Sie erkannte die Unwiderruflichkeit dieser Wahl. Später, als ich meine Wahl getroffen hatte, begann sie häufiger als vorher in die Kirche zu gehen.

Als ich anfing, gegenüber den kirchlichen Verhältnissen eine kritische Haltung einzunehmen, erteilte mir meine Mutter einen weiteren Rat. Sie sagte: Wenn du den Mund aufmachen willst, mußt du finanziell unabhängig sein.

Diesen Rat habe ich nicht befolgt, und der Wunsch meiner Mutter nach einem Haupttreffer erhielt dadurch eine neue Aktualität.

Die geduldige Spannkraft hinter dem Wunsch meiner Mutter nach einem Haupttreffer beginnt sich mir erst jetzt, nach ihrem Tod, langsam zu erschließen. Auch an die Wahrsagekarten denke ich mit Wärme, und der Schein der Kerzen, die meine Mutter dem heiligen Judas Thaddäus und dem heiligen Antonius gespendet hat, vermittelt mir den Eindruck von stiller Unverwüstlichkeit.

Das ist meine Mystik, und nicht nur meine. Sie ist öfter vorhanden, als man denkt, und ihr möchte ich meine Worte leihen. In den zahlreich erschienenen Büchern über Mystik kommt sie so gut wie gar nicht vor. Diese Bücher beschäftigen sich mit virtuosen Mystikern und Mystikerinnen, in sozusagen sensationeller Weise, mit lauter Außeralltäglichkeit drumherum.

Meine Mystik ist alltäglich, und mein Wissen soll dazu dienen, sie zu entdecken.

Die Leser meines Buches werde ich «Anfänger» nennen, weil ich mit ihnen eine Art Kurs veranstalten möchte. Die 14 Lektionen dieses Kurses haben folgendes Lehrziel:

Die geläufige Beherrschung der Alltagsmystik in Wort und Schrift.

Auf die Verwendung großspuriger Etiketten für mein Buch («Bewußtseinserweiterung», «Kreativitätstraining», «Ichstärkung» usw.) möchte ich verzichten.

Warum?

Das steht in der ersten Lektion.

Erste Lektion

Das erste, was die Anfänger verlernen müssen, ist das Fasziniertsein vom Pompösen, Gewaltigen, Bedeutenden und so weiter

Ich sage absichtlich «verlernen». 1

In diesem Buch bin ich nämlich unter anderem bemüht, die Köpfe der Anfänger von überflüssigen und hinderlichen Bildungsinhalten zu befreien. Ein Lehrer, der leer macht.

Ein Leerer.

In der klassischen Mystik des europäischen Mittelalters wird dieser Prozeß «Reinigung» genannt.

Leser meiner früher erschienenen Bücher werden mir bestätigen, daß ich vorm Entrümpeln keine Angst habe. Deshalb habe ich auch öfter hören und lesen müssen, ich ließe in meinen Schriften das Positive vermissen – sozusagen die neuen Möbel, die in die leergeräumte Wohnung gestellt werden.

Eine typische Anfängerreaktion. Sie entspringt der Angst vor dem Leerwerden.

Nur keine Angst! Ich räume keineswegs das ganze Dachstübchen aus.

Bezüglich der Faszination vom Bedeutenden usw. muß ich jedoch unerbittlich sein. Deshalb habe ich mein Buch auch mit Erinnerungen an meine Mutter angefangen. Meine Mutter war unbedeutend.

Alles, was in den Geschichtsbüchern fett gedruckt ist: uninteressant für die Mystik. Alexander der Große, Konstantin der Große, Friedrich der Große – weg mit ihnen. In meiner Mystik ist nicht einmal Gott groß.

Der bewundernde Blick in die Höhe, zu den Geistesriesen, Kapazitäten, Pyramiden, Domspitzen, Wolkenkratzern usw. muß «umgebrochen» werden. Dieser Ausdruck stammt von Ernst Bloch, und ich darf die entsprechende Stelle (aus dem «Prinzip Hoffnung») zitieren: «Zu einem Kind, das im Stalle geboren, wird gebetet. Näher, niedriger, heimlicher kann kein Blick in die Höhe umgebrochen werden.»

Die Bewegungsrichtung für die zu erzeugende Achtsamkeit ist damit folgendermaßen bestimmt:

Nähe (und nicht: Ferne)
Niedrigkeit (und nicht: Größe)
Heimlichkeit (und nicht: Unheimlichkeit).

Das ist die Bewegungsrichtung der Bibel, jedenfalls in ihren für mich wichtigen Partien.

Ein Zug nach unten, zum Unscheinbaren, Geringfügigen.

Ein kleines Land zwischen den hochkulturellen Machtblöcken Ägyptens und Mesopotamiens, kaum erwähnt in deren Chroniken: Israel.

Und dann der «wahre Israelit», Jesus aus Nazareth, dessen kurzer Lebenslauf in den damaligen Zentren des kulturellen und politischen Lebens ganz einfach nicht zur Kenntnis genommen wurde. Ein unbedeutender Schwärmer unter kleinen Leuten, am Rand des Imperiums.

Achtung, jetzt kommt ein Gedankensprung.

Ich springe aus dem Jahr 30 nach Christi Geburt in das Jahr 1939 nach Christi Geburt. (Solche Sprünge sind von mir kalkuliert, sie gehören zur Unterrichtstechnik, und ich werde sie nicht immer eigens ankündigen.)

Im Jahr 1939, während der Ferien, wohnte ich bei meiner Tante Rosa in Salzburg. Die Wohnung befand sich in der Wolf-Dietrich-Straße und bestand aus Zimmer, Küche und Kabinett. Ganz in der Nähe dieser Wohnung, in der Linzergasse, war das Geschäft der Tante Rosa. Es handelte sich dabei um eine sogenannte Lotto-Kollektur. Ein kleines Gassenlokal, in welchem man die Einsätze für das «Kleine Lotto» – die staatliche Nummern-Lotterie – tätigen konnte. Im kleinen Lotto sind Einsätze und Gewinne verhältnismäßig geringfügig. Die Ziehung erfolgt wöchentlich. Welche Nummern man setzt, hängt unter anderem von den Träumen ab. Bestimmte Trauminhalte sind aufgrund einer uralten Überlieferung mit gewissen Zahlen verbunden, und die Tante Rosa wußte selbstverständlich in diesen Dingen Bescheid. Es gab ferner einen Behälter mit kleinen Holzplättchen, auf welchen die Zahlen von 1–90 standen. Wer sich über die zu setzenden Nummern nicht klarwerden konnte, zog aus dem Behälter die nötigen Zahlen.

Meine Tante Rosa war außerdem Adventistin, was im katholischen Salzburg nicht eben häufig vorkommt.

Den Morgenkaffee bereitete die Tante Rosa auf einem Spirituskocher. Heute werden solche Kocher im Haushalt kaum mehr verwendet; auf Campingplätzen kann man sie jedoch noch antreffen.

Ich erinnere mich an eine Morgenstunde in der Wohnung der Tante Rosa. Die Sonne schien und warf schräge Schatten in die Wolf-Dietrich-Straße. Ich stand am offenen Fenster, und der Geruch der frischen Luft vermischte sich in meiner Nase mit dem des Spirituskochers und dem Aroma des Kaffees.

In diesem Augenblick fühlte ich mich glücklich, und das ist der Grund, warum ich mich an ihn erinnere. Ich war neun Jahre alt.

Heute würde ich sagen: Ich hatte damals mein erstes mystisches Erlebnis.

Darf ich bitten, den theologischen Stellenwert dieser kleinen Erinnerung zu beachten?

Größe und Dauer, die immer noch wichtigsten theologischen Kategorien, kommen in dieser Erinnerung nicht vor. Bestimmend sind vielmehr: Kleinigkeit und Flüchtigkeit.

In ihnen blüht für mich die lebendige Blume. Die geheimnisvolle Rose: rosa mystica.

Ferner ist anzumerken, daß der besondere Duft jener Morgenstunde selbstverständlich für mich allein da war. Weder weiß ich, warum jener Augenblick für mich zu einem glückhaften wurde, noch kann ich dieses Glücksgefühl anderen Menschen vermitteln. Nicht einmal für mich ist es wiederholbar.

Ich kann lediglich davon erzählen, und andere Menschen werden beim Lesen vielleicht angeregt, sich ihrer eigenen (vergessenen) mystischen Augenblicke zu erinnern.

Diese Vorgangsweise gehört ebenfalls zu meiner Unterrichtsmethode. Die meisten mir bekannten Mystikbücher gehen von der folgenden Voraussetzung aus: Die Leser verstehen von Mystik überhaupt nichts, und anhand von Berichten über bedeutende Mystiker und Mystikerinnen werden sie über das Wesen der Mystik unterrichtet.

Das ist falsch.

Ich glaube, daß jedermann seine kleinen mystischen Erfahrungen mit sich herumträgt – allerdings sind diese meist verschüttet und vergessen.

Meine Aufgabe besteht darin, solche Vergeßlichkeiten aufzubrechen.

Zu diesem Zweck muß ich als Kulturkämpfer auftreten.

Das ist eine ziemlich komische Rolle, und ich darf sie erklären.

Vom zartesten Kindesalter an gibt es in unserem Leben die belehrenden Zeigefinger. Sie weisen auf allerlei Bedeutendes, Großartiges, Gewaltiges. Sie wollen in uns Respekt, Ehrfurcht, Bewunderung erzeugen, in jedem einzelnen Fachgebiet, von der Religion bis zur Mathematik.

Nach acht oder zwölf Schuljahren ist dann die Kategorie der Bedeutsamkeit fest verankert:

Ein Millionär ist bedeutender als ein Altersrentner. Ein Fußballstar wichtiger als ein Postbote. Eine Schlagersängerin faszinierender als eine Friseuse.

Und so weiter.

Das ist schlecht für die Mystik, deren Blumen im verborgenen blühen.

Komisch ist meine Rolle deshalb, weil ich mit meiner Mystik auf völlig verlorenem Posten stehe. Wissenschaft, Kunst, Religion, Massenmedien, Politik, Wirtschaft – alle diese höheren Wesen werden von Bedeutsamkeit getragen. Und ich schlage vor, ausgerechnet dem Unbedeutenden und Unscheinbaren die Aufmerksamkeit zuzuwenden!

Eine komische Rolle, wie gesagt.

Meine einzige Chance, ein Publikum zu finden, liegt in den gelegentlichen Anwandlungen von Langeweile bei eben diesem Publikum. Es gibt Menschen, die trotz ihrem mit Bedeutsamkeiten angefüllten Kopf die Frage stellen: Was ist der Sinn des Lebens?

Das ist der Augenblick für meinen Auftritt.

Ich zaubere dann das längst Vergessene hervor, das von Geschichtsprofessoren und Theologen mehr oder weniger absichtlich Vergessene, Beiseitegeschobene, Unterdrückte, Ketzerische, Seltsame, Wunderliche.

Zum Beispiel meine Tante Rosa, die Adventistin mit ihrer Lottokollektur.

Zweite Lektion

Das erste, was die Anfänger lernen müssen, ist Rücksichtslosigkeit

Das bedeutet: Eintretendenfalls das gerade Gegenteil von dem tun, 2
was die Umgebung für richtig hält.

Ich bin mir durchaus bewußt, was für einen gefährlichen Ratschlag ich hiermit erteile. Verbrecher und Narren können sich auf ihn ebenso berufen wie Heilige und Genies.

Aber die Mystik ist nun einmal eine gefährliche Angelegenheit, und jeder, der sich mit ihr einläßt, muß eindringlich gewarnt werden. Er (oder sie) begibt sich in eine sehr fragwürdige Gesellschaft, wenn er (oder sie) sich für Mystik interessiert. Schon hinter der nächsten Ecke steht beispielsweise Charles Manson, ein äußerst wilder kalifornischer Mystiker. Es ist noch gar nicht so lange her, daß Manson und seine Familie die Polizei beschäftigt haben, und der Staatsanwalt mußte sich eingehend mit dem letzten Buch der Bibel befassen, mit der Apokalypse, zum Zwecke der Aufhellung des Seelenlebens von Manson.

Charles Manson sitzt derzeit im Gefängnis.

Hinter einer anderen Ecke lauert Timothy Leary, vormals Drogenpapst. Auch diese mystische Karriere ist nicht gerade glanzvoll verlaufen. Es gab Höhepunkte, gewiß; eine Zeitlang hatte Leary einen hohen Nachrichtenwert, bewegte sich in den abenteuerlichsten Kreisen, hatte viel Geld und viele Schulden, wurde von der Geheimpolizei verfolgt. Nach seiner letzten Verhaftung aber ist es still geworden um Leary, und die Drogenszene ist um eine Hoffnung ärmer.

Trotzdem: Charles Manson und Timothy Leary waren beide rücksichtslos, jeder auf seine Weise.

Also Vorsicht!

Die Mystik kann sehr gefährlich sein.

Auch meine Tante Rosa war rücksichtslos, auf ihre Weise. Ihr Entschluß, zu den Adventisten zu gehen, im katholischen Salzburg, ist weitaus weniger spektakulär als die Unternehmungen des Charles Manson oder der Ulrike Meinhof.

Immerhin: Meine Tante Rosa hatte ihre Lottokollektur. Als kleine Geschäftsfrau hatte sie darauf zu achten, ein angepaßtes und unauffälliges Benehmen an den Tag zu legen. Außenseiterei ist schlecht für den Geschäftsgang. Eine Adventistin in Salzburg wirkt wie eine Giraffe in Grönland: falsch am Platz. Nicht, daß die Salzburger besonders fromme Katholiken wären. Aber das Katholischsein gehört in

Salzburg zu den Selbstverständlichkeiten, und die Heftigkeit der adventistischen Hoffnung auf den Jüngsten Tag erweckt beim katholischen Salzburger einen absonderlichen Eindruck. Meine Tante Rosa hat daher ihr adventistisches Privatleben nie an die große Glocke gehängt, sie war diesbezüglich vorsichtig.

Aber sie wurde Adventistin. Eine sogenannte Sektiererin.

Die landläufige und etablierte Religion setzt sich gegen abweichlerische Gruppen zunächst einmal mit Hilfe abschätziger Vokabeln zur Wehr. Das Wort «Sekte» ist solch eine abschätzige Bezeichnung. Gleichzeitig gilt, daß die Mystik – solange sie geblüht hat – immer unter den Randgruppen geblüht hat, im alten römischen Imperium, im deutschen Mittelalter, im heutigen Kalifornien.

Meine Tante Rosa kam zwar nie ins Gefängnis wegen ihrer adventistischen Überzeugungen. Aber mit dem Stigma der Absonderlichkeit hatte sie durchaus zu leben, zur Strafe für ihre bescheidene Rücksichtslosigkeit.

Ein Bravo für meine Tante Rosa.

Die Anfänger werden hiermit gebeten, in ihrem Leben die eine oder andere kleine Weigerung ausfindig zu machen.

Ich sage absichtlich «kleine» Weigerung, und nicht «große» Weigerung wie Herbert Marcuse das tun würde. Herbert Marcuse ist ein berühmter Philosoph und hat den Ausdruck von der großen Weigerung geprägt.

Viele kleine Weigerungen sind meiner Ansicht nach besser als wenige große Weigerungen.

Ich bin schon zufrieden, wenn jemand einmal die Schule geschwänzt hat.

Irgendeine kleine Weigerung ist eine unerläßliche Aufnahmebedingung für die Mystik.

3 Meine verstorbene Tante Rosa Dojacek aus Salzburg und der inhaftierte Charles Manson aus Kalifornien haben – bei allen sonstigen Unterschieden – ein gemeinsames Merkmal: Beide glaubten sie – wenn auch in verschiedener Weise – an einen nahe bevorstehenden katastrophalen Zusammenbruch des gegenwärtigen Weltsystems inklusive anschließender Neuordnung der Dinge.

Was Charles Manson jetzt glaubt, weiß ich nicht.

Zur Zeit der Ermordung von Sharon Tate (1969) glaubte er der fünfte Engel aus dem 9. Kapitel der Apokalypse zu sein. Zu einer solchen Behauptung würde sich meine Tante Rosa nie verstiegen haben. Aber auch für sie war die Apokalypse das wichtigste Buch der Bibel, und der baldige Weltuntergang stand für sie fest, so wie für alle Adventisten.

Im übrigen stand der baldige Weltuntergang auch für Jesus Christus fest. Seine Sprüche zu diesem Thema sind zahlreich. Die Tante Rosa kannte sie alle auswendig.

Wenn ich das in meinem Besitz befindliche Foto meiner Tante Rosa betrachte, dann werde ich an einen Vogel erinnert. Auf dem Foto steht sie ganz allein vor einer Mauer des Mirabell-Gartens in Salzburg, im Sonnenlicht. Sie ist klein von Gestalt, und ihren Kopf hält sie ein wenig zur Seite, wie ein lauschendes Huhn. Ihr Kleid ist aus einem einfachen geblümten Stoff und reicht bis fast zu den Knöcheln. In ihrer linken Hand hält sie eine Handtasche, und auf dem Kopf trägt sie einen Hut. Sie wirkt etwas verlegen, wie Menschen, die selten fotografiert werden. Ihren rechten Arm läßt sie locker herabhängen, und er verrät mir das Selbstbewußtsein der Tante Rosa. So steht sie da, trotz Verlegenheit und blendender Sonne: durchaus fest auf ihren beiden Beinen.

Das Foto habe ich selbst gemacht, mit einer Box-Tengor.

Ich habe es lieber als alle mir bekannten Heiligenbilder.

Wodurch unterscheidet sich meine Tante Rosa von Charles Manson?

Charles Manson ist ein gutes und noch dazu modernes Beispiel für einen extrem realitätsfernen Mystiker der apokalyptischen Tradition.

Manson ein Mystiker?

Hat nicht Manson den Auftrag erteilt, die Filmschauspielerin Sharon Tate zu ermorden?

Kann man einen derart gewalttätigen Menschen zu den Mystikern zählen?

Man kann. In dem Buch des Staatsanwaltes Bugliosi über den Mordfall Sharon Tate steht folgende Passage:

«Etwas an Mansons Weltanschauung war mir besonders rätselhaft: seine seltsame Einstellung zur Angst. Er verkündete ständig, Angst sei schön, und er riet seiner Family sogar, in einem ständigen Angstzustand zu leben. Ich fragte Watkins, was Manson damit gemeint habe. Manson habe unter Angst dasselbe verstanden wie Bewußtsein, sagte Watkins. Je mehr Angst man habe, desto stärker sei das Bewußtsein, desto mehr Liebe habe man. Wenn man sich wirklich ängstige, dann komme man zum ‹Jetzt›. Und wenn man im Jetzt sei, dann habe man das totale Bewußtsein.» (Watkins war ein Zeuge der Anklage. Er hatte zur Manson-Familie gehört.)

Kein Mystikspezialist wird bestreiten können, daß die Rede vom «Jetzt» zur Mystik gehört wie das Amen zum Gebet. Daß für Manson Angstzustände als Vehikel zum Erleben des erfüllten Augenblicks dienten, ist nicht so wichtig. Wichtig ist der Wunsch, im Nun zu leben. Im Nun leben heißt, zeitlos leben, nach Auskunft der mittelalterlichen deutschen Mystik. Heißt intensiv leben (erleben), außerhalb von Raum und Zeit, in der Gegenwart.

Die Rede vom «Jetzt» ist ein deutliches Indiz für die mystische Ader Mansons.

Ferner findet sich im Arsenal Mansons die Ekstatik, in dionysischer Form, also mit Stimulantien und orgiastischen Veranstaltungen. Manson verwandte halluzinogene Pilze, Marihuana, Mescalin, LSD. Die Orgien begannen mit der Einnahme der Drogen, es gab rituelle Tänze, die Entkleidungszeremonie. Manson leitete die Orgien, arrangierte Leiber, Kombinationen, Positionen.

Sinn und Zweck solcher Übungen: Heraus aus dem Normalbewußtsein. Das griechische «ek-» im Worte Ekstasis bedeutet «heraus».

Beste mystische Tradition.

Die apokalyptische Komponente in Mansons System drückt die Art und Weise seiner Auseinandersetzung mit der realen Außenwelt aus.

Diese Außenwelt ist die kalifornische des Jahres 1969. Sie entsprach den Vorstellungen Mansons überhaupt nicht.

Manson erwartete, mit Hinweis auf die Apokalypse, einen allgemeinen Negeraufstand, ein Schlachtfest größten Ausmaßes, mit dem Ziel der Vertilgung der Weißen.

Während dieses Blutbades wollte sich Manson mit den Seinen in eine unterirdische Höhle begeben. Dort würde die Familie auf 144 000 Auserwählte anwachsen, und nach Beendigung des allgemeinen Mordens würden die Auserwählten hervortreten und von den Negern die Weltherrschaft übernehmen, mit Manson als Heiland an der Spitze.

Manson wußte auch, wo die unterirdische Höhle lag: unter dem «Death Valley» in Kalifornien. In diesem Tal lebte Manson mit seiner Familie, auf einem abgelegenen Anwesen, der Barker-Ranch. Der ausbleibende Negeraufstand ließ ihn auf den Gedanken kommen, den Negern zu zeigen, wie man es macht. Er befahl die Ermordung Sharon Tates, und die Art der Durchführung sollte den Eindruck erwecken, radikale Neger hätten das Blutbad veranstaltet. Manson hoffte auf den Ausbruch einer wilden Massenhysterie im Gefolge des Mordes. Der Mord an der Filmschauspielerin sollte das allgemeine Morden sozusagen in Gang bringen.

Diese Überlegung erwies sich als falsch.

Manson wurde von der Polizei festgenommen, zusammen mit 24 Familienmitgliedern, Anfang Oktober 1969, im Zuge einer Razzia.

Die Neger hatten sich nicht erhoben. Nur die Polizei war gekommen.

Hierbei handelt es sich um einen typischen Fall von Parusieverzögerung.

Die Parusieverzögerung war das Grundproblem der Urchristen.

Parusie (ein altgriechischer Ausdruck) bezeichnete zunächst den feierlichen Staatsbesuch eines Herrschers in der Provinz. Den frühen Christen bedeutete er die festliche Ankunft des Messias, im Zusammenhang mit dem Weltuntergang und der Neuordnung der Dinge. Die Wiederkunft Christi, auf den Wolken des Himmels, in Pracht und Herrlichkeit.

Dieses Ereignis trat bekanntlich nicht ein, und deshalb der Ausdruck Parusieverzögerung.

Urchristliches Gedankengut bei Charles Manson, ganz ohne Zweifel.

Manson war allerdings ungeduldiger als die alten Christen und meine Tante Rosa.

Am 15. Juni 1970 begann der Prozeß «Das Volk (Kaliforniens) gegen Charles Manson alias Jesus Christus alias Gott». (Manson hatte von sich behauptet, Jesus Christus und Gott zu sein.)

Der Prozeß wurde einer der längsten und teuersten in der Geschichte der USA. Er dauerte neuneinhalb Monate und kostete 1 Million Dollar. Wenig andere Prozesse haben so viel öffentliche Beachtung gefunden wie dieser. Er endete mit dem Todesurteil für Manson. Dieses Urteil konnte nicht vollstreckt werden, weil das Oberste Gericht von Kalifornien im Februar 1972 die Todesstrafe für verfassungswidrig erklärte. Charles Manson bekam lebenslänglich Gefängnis.

Sollte er jemals freikommen, dann frühestens nach 25 Jahren. Das wäre um das Jahr 2000 nach Christi Geburt.

Der Fehler Mansons: Er wollte bedeutend sein. Er hat vernachlässigt, was jeder Anfänger wissen müßte. Er hat nicht verlernt, vom Bedeutenden, Gewaltigen usw. fasziniert zu sein. Deshalb wurde aus ihm ein gescheiterter Mystiker. Er hat die zweite Lektion (Rücksichtslosigkeit) vor der ersten durchgenommen.

Meine Tante Rosa hielt sich hingegen an die richtige Reihenfolge.

Dritte Lektion

Das zweite, was die Anfänger verlernen müssen, ist der Respekt vor Definitionen

4 Insbesondere vor Mystikdefinitionen sollen sich die Anfänger hüten. Solche Definitionen bringen sie nicht weiter, sie haben keinen Gebrauchswert für sie.

Bereits im Jahr 1900 wurden 26 wissenschaftliche Definitionen des Begriffes «Mystik» gezählt; heute hat sich die Zahl der Mystikdefinitionen sicher um das Doppelte vermehrt. Gibt es deshalb auch mehr Mystiker?

Wohl kaum.

Im Mittelalter hat es viele praktizierende Mystiker gegeben. Aber das Wort «Mystik» gab es damals noch nicht. Es wurde erst im 18. Jahrhundert erfunden, zu einer Zeit also, in der die Zahl der ausübenden Mystiker stark zurückging, im Zusammenhang mit dem beginnenden Industriezeitalter.

Im Mittelalter war lediglich das lateinische Eigenschaftswort «mysticus» in Verwendung. Es bedeutet soviel wie «geheimnisvoll». Das sollte genügen, um die Neugier zu wecken.

Für besonders hartnäckige Definitionsliebhaber sei dennoch eine Begriffsbestimmung von Mystik hier wiedergegeben, zur gründlichen Abschreckung:

«Mystik ist die Methode, durch kultische Handlungen, die nicht jedermann verständlich sind und geheimgehalten werden, um sie vor Profanierung zu schützen und durch ihnen entsprechende (später auch von ihnen losgelöste) seelische Erlebnisse, die nicht jeder haben kann, in Berührung mit dem Göttlichen, unter seinen unmittelbaren Einfluß und zur Kenntnis seiner Geheimnisse zu kommen. Diese Definition ist weit genug, um alle mystischen Erscheinungen zu umfassen, von den magisch-kultischen Gebräuchen, dem Essen und Trinken der göttlichen Substanz, der heiligen Hochzeit, der durch Erregungs- und Berauschungsmittel, Musik, Tanz und Askese eingeleiteten Ekstase, bis zur psychischen Technik der Meditation, Konzentration und Kontemplation und zur mystisch-philosophischen Spekulation, die sich nur noch mit dem seelischen Prozeß des mystischen Erkennens befaßt, ihn vergeistigt und durch eine besondere Denktechnik in einer eigenartigen Denkform ermöglicht.»

Diese Definition stammt von Prof. Leisegang (1890–1951), Ordinarius für Philosophie in Jena und Berlin. Leisegang war eine Autorität auf dem Gebiet der Mystikforschung. Er hat zwischen aktivistischer, kontemplativer und quietistischer (= ruhevoller) Mystik unterschieden. (Das Lied «Let It Be» – von den Beatles – würde demnach in die quietistische Mystik einzuordnen sein.)

Das Lexikon, aus dem ich die Mystikdefinition Leisegangs entnommen habe, stammt aus der Hinterlassenschaft von Prof. Mitterer. Ich bekam es von der Haushälterin Mitterers geschenkt, nach dessen Tod. Prof. Albert Mitterer gehörte zu den Lehrern, die mir an der Universität Theologie beibrachten. Er war eine Kapazität auf dem Gebiet der Erforschung der Lehren des Thomas von Aquino (1225–1274). Auch mit den Lehren des Aurelius Augustinus (354–430) hat sich Mitterer in gelehrter Weise befaßt. An seinem letzten Buch arbeitete er zehn Jahre. Das Buch erschien im Jahre 1956, und bald darauf erkrankte Mitterer an der Parkinsonschen Krankheit.

Die Wohnung Mitterers befand sich in der Wiener Innenstadt, in der Schellinggasse. In der unmittelbaren Nachbarschaft gibt es dort auch eine Hegelgasse und eine Fichtegasse. Mitterer wohnte im sogenannten Philosophenviertel. Dort habe ich ihn zwei- oder dreimal besucht, nachdem er sich krankheitshalber von der Lehrtätigkeit zurückgezogen hatte.

Das Arbeitszimmer Mitterers machte auf mich einen engen Eindruck, obwohl es sich um einen großen Raum handelte. An einem der beiden Fenster stand der Schreibtisch, daneben ein Ständer, wie man sie früher in Klöstern hatte. Es handelte sich um eine Art drehbare Pyramide auf einem Holzfuß. Jede der vier Seitenflächen der Pyramide konnte ein großes Buch aufnehmen. An den Wänden des Zimmers waren Bücherregale, bis nahe an die Decke. Ferner gab es zwei große Tische, auf denen befanden sich Karteikästen, Papiere, Mappen und Bücher. (Weitere Bücher waren im angrenzenden Raum aufbewahrt.) Die einzige bequeme Sitzgelegenheit im Arbeitszimmer des Gelehrten war ein kleiner Diwan mit einer Rückenlehne. Auf diesem Diwan durfte ich bei meinen Besuchen Platz nehmen, und der alte Professor setzte sich neben mich. Ich konnte beobachten, wie er gelegentlich versuchte, ein Bein über das andere zu schlagen, und wie diese Versuche scheiterten, wegen der Krankheit.

Gegenüber Prof. Mitterer fühlte ich mich zur Dankbarkeit verpflichtet.

Gegen Ende meines Theologiestudiums hatte er mich aufgefordert, das Doktorat zu machen. (Üblicherweise machen Priesterstudenten nur in Ausnahmefällen ein Doktorat.) Die Aufforderung Mitterers stellte eine Bevorzugung dar. Sie war eine Auszeichnung.

Ich habe mich nicht geweigert, das theologische Doktorat zu machen. Es wäre dies eine Weigerung im Sinne von Prof. Marcuse gewesen.

(Prof. Marcuse hat sich auch nicht geweigert, das Doktorat zu machen und Professor zu werden. Erst als er Professor war, hat er die «große Weigerung» empfohlen.)

Meine Mutter hat keinen Einspruch erhoben, als ich ihr von meiner Absicht erzählte, das theologische Doktorat zu machen. Sie begann sich an den Gedanken zu gewöhnen, einen gescheiten Sohn zu haben. Gelegentlich sagte sie zu mir: «Du bist mein Gescheiter!»

Den ersten Hinweis auf meine Gescheitheit bekam meine Mutter von meinem Volksschullehrer. Er hieß Hugo Liebel. Er riet meiner Mutter dringend, mich ins Gymnasium gehen zu lassen.

Ein überaus begabter Junge, sagte Lehrer Liebel zu meiner Mutter.

Meine Mutter war erstaunt. Der Gedanke, mich ins Gymnasium gehen zu lassen, war ihr vorher nicht gekommen.

So haben meine Lehrer meine Begabung festgestellt und meine Gescheitheit lobend erwähnt.

Niemals habe ich die Schule geschwänzt.

Nach dem theologischen Doktorat habe ich noch ein weiteres Doktorat gemacht, das philosophische.

Ein Jahr vor der Erlangung des philosophischen Doktorates vermittelte mir Prof. Mitterer eine Stelle als Universitätsassistent.

Anläßlich meiner Promotion zum Doktor der Philosophie kaufte sich meine Mutter ein neues Kleid. Sie feierte den erfolgreichen Abschluß meiner 25jährigen Schulzeit.

Vom 7. bis zum 32. Lebensjahr hatte ich gelernt und studiert. Manchmal hatte mich meine Mutter gefragt: «Wie lange willst du denn noch studieren?»

Die Frage, warum meine Mutter keinen Haupttreffer gemacht hat, konnte ich nach 25 Studienjahren nicht beantworten. Ich kann sie auch jetzt nicht beantworten. Aber ich bin wenigstens so weit, die Frage zu stellen. Als ich meine Besuche bei Prof. Mitterer machte, wäre mir die Frage nach dem Ausbleiben des Haupttreffers gar nicht eingefallen. Damals hatte ich andere Fragen im Kopf. Zum Beispiel: Ob Aurelius Augustinus (354–430) eine Evolutionstheorie vertreten hat.

Diese Frage stammte von Prof. Mitterer.

Die richtige Antwort auf diese Frage lautet:

Ja.

Die Beschäftigung mit dieser Frage hat mir ein philosophisches Doktorat eingebracht und eine Anstellung als Universitätsassistent.

In jener Zeit hatte ich noch einen großen Respekt vor Definitionen. Mittlerweile ist mir dieser Respekt abhanden gekommen.

Ich habe ihn gewissermaßen verlernt.

Definitionen sind für mich wie Werkzeuge. Vor Werkzeugen hat man keinen Respekt. Man gebraucht sie und legt sie dann wieder beiseite.

Wenn jemand ein Professor für Mystik werden will, dann muß er die wichtigsten Mystikdefinitionen beherrschen. Mystikdefinitionen sind Werkzeuge für Mystikfachleute und nicht für Anfänger.

Es gilt der Merksatz:
Mystikfachleute sind keine Mystiker.

Vierte Lektion

Das zweite, was die Anfänger lernen müssen, ist der Unterschied zwischen Mystik und Mystifikation

Das ist eine ziemlich schwierige Lektion. Als ich anfing, die ersten Mystifikationen zu durchschauen, war ich 25 Jahre alt. Inzwischen sind mehr als 20 Jahre verstrichen, und immer noch muß ich achtgeben, um nicht irgendeiner Mystifikation aufzusitzen.

Von der Polizei kann man lernen, daß man Mystifikationen nachgehen muß. Die Polizei ist gar nicht so selten mit Mystifikationen befaßt, und in ihrem Jargon kommt das Wort durchaus vor, wie auch in den Zeitungsberichten über einschlägige Vorfälle. Ein anonymer Anrufer meldet sich telefonisch bei der Polizei und teilt mit, daß in einem bestimmten Flugzeug eine Bombe versteckt ist. Die Polizei rückt aus, durchsucht das betreffende Flugzeug mit größter Sorgfalt und kommt zu dem Ergebnis, daß es gar keine Bombe gibt.

Das ist ein Beispiel für eine Mystifikation.

Man kann daraus lernen, daß die Entscheidung über die Aufrichtigkeit der Bombenwarnung nicht von vornherein getroffen werden kann. Die Bombenwarnung könnte zutreffend sein, und deshalb muß sie überprüft werden. Zwar ist die Polizei durchaus gewitzigt und mißtrauisch, belehrt durch frühere Mystifikationen. Gleichzeitig ist sie jeder neuen Mystifikation hilflos ausgeliefert. Erst nach der Überprüfung kann festgestellt werden:

Das war (wieder einmal) eine Mystifikation.

Mystifikationen erkennt man nicht von vornherein.

Wie hätte ich zum Beispiel ahnen können, in welches Labyrinth von Mystifikationen ich geriet, als ich mit 18 Jahren ins Priesterseminar eintrat?

Wie hätte ich zwischen Trug und Wahrheit unterscheiden können, unter der Unzahl von Vorschriften, Ermahnungen, Weisheitslehren, Kommentaren, Liedern und Gebeten, Verrichtungen und Unterlassungen, Scherzen? Sie alle drangen in meine Ohren und Augen ein, mich formend, erziehend, verändernd.

Mystik und Mystifikation standen dabei in einem Verhältnis von sagen wir 1 zu 99.

Wie hätte ich die eine kostbare Perle unter den vielen täuschenden Nachahmungen finden sollen?

Ich besaß kein Unterscheidungsvermögen und schluckte alles – zur

Zufriedenheit meiner Vorgesetzten.

Die Vorgesetzten.

Das meiste von dem, was sie uns erzählten, glaubten sie selber.

Sie glaubten daran, daß ein Priester keusch und gehorsam sein muß, und nach dieser Maxime lebten sie auch, so gut sie eben konnten. Sie waren sorgfältig ausgesucht worden, von noch höher stehenden Vorgesetzten. Auch die höheren Vorgesetzten glaubten an die Bedeutung von Keuschheit und Gehorsam für den Priester. Sogar der Papst glaubte daran. Der Papst hieß damals Pius der Zwölfte, und er hatte zeit seines Lebens als Asket gelebt. Sein Bild hing in vielen Räumen des Priesterseminars.

Die Mystifikationen, denen ich von seiten meiner Vorgesetzten ausgesetzt war, dürfen keineswegs als absichtliche Täuschungsmanöver aufgefaßt werden. Man irrt sich, wenn man Vorgesetzte als Zyniker betrachtet. Nur wenige Vorgesetzte haben die Kraft zum Zynismus. Die meisten Vorgesetzten verfügen über einen gewissen Fundus an Glaubensüberzeugungen. Nicht nur Priester (Kardinäle, Päpste) haben diesen Fundus. Auch Generaldirektoren, Staatspräsidenten, Universitätsprofessoren, Generäle.

Vorgesetzte sind klassenbewußt.

Sie vertreten die herrschende Meinung.

Die herrschende Meinung im Priesterseminar verknüpfte das Priestertum mit Keuschheit und Gehorsam.

Eine gar nicht so leicht zu durchschauende Mystifikation. Um sie als solche zu erkennen, benötigte ich 20 Jahre.

Vielleicht war ich doch nicht so gescheit, wie meine Lehrer meinten.

Wohlan, ihr Weisen aus längst vergangenen Tagen, unterstützet mich in meinem Bemühen, die Anfänger ein Mißtrauen gegen jegliche Trughaftigkeit zu lehren!

Umgibt uns nicht Wahn und Schein wie die Luft, die wir atmen?

Ist nicht ein Rätselauge die Welt, antwortlos wie die Sphinx? Irren wir nicht wie Wandrer im nächtlichen Sumpf, Irrwischen preisgegeben?

Ist nicht Maya gar alles, was uns umringt?

Maya!

Nicht die mittelamerikanischen Völker dieses Namens sind hier gemeint, sondern ein Leitwort aus dem alten Indien, mindestens 3000 Jahre alt.

Maya = Illusion, Trug, Wahn, Schein.

Die materielle Welt und ihre Erscheinungen – alles Maya, den indischen Weisheitslehren der Upanischaden und des Vedanta zufolge.

Selbst Gott ist der Mystifikation unterworfen, wie ein altindisches

Verslein bezeugt:

Das ist Gottes Maya, durch das er sich selbst betrügt.

Ein profundes Mißtrauen gegen alles und jedes ist im alten Indien erwacht, eine Schule der Skepsis, in lehrreicher Weise.

Prof. Leisegang (siehe Nr. 4) zufolge gehört dieses Mißtrauen durchaus zur Mystik, wie in seinem bereits erwähnten Artikel ausführlich nachzulesen ist.

Wer die sogenannte Wirklichkeit (inklusive Wurzelziehen, doppelter Buchführung, Religionszugehörigkeit usw.) kritiklos hinnimmt, taugt nicht einmal zum Anfänger.

Nähret, ihr Anfänger, euer ohnehin vorhandenes Mißtrauen gegen so manches, was euch im Lauf der Zeit in die Köpfe gestopft worden ist! Seid achtsam beim Lesen der Zeitung! Laßt euch von Wagners Musik nicht betören!

Der weise Sankara meint es euch gut. Er lebte um 800 vor Christus in Indien und vertrat konsequent die Lehre vom illusionären Charakter der Welt.

Vielleicht ist der alte Sankara ein wenig zu weit gegangen. Zahnweh ist kaum als illusionär anzusprechen, und auch ein hohes Einkommen ist keineswegs zu verachten.

Wichtig hingegen ist eben jenes Unterscheidungsvermögen, von dem zu Beginn dieses Kapitels die Rede war.

Diesem Unterscheidungsvermögen leiht Sankara seine Stimme, und nicht nur er.

Auch die Bibel empfiehlt es, an bedeutender Stelle.

Das zweite Gebot Gottes!

Es lautet, in der Übersetzung von Martin Buber:

Trage nicht Seinen, deines Gottes Namen auf das Wahnhafte!

Eine schlechtere Übersetzung, wie ich sie in der Schule gelernt habe, lautet:

Du sollst den Namen Gottes nicht verunehren.

Eine andere, moderne Übersetzung:

Du sollst den Namen Jahwes, deines Gottes, nicht mißbrauchen. (Auch keine gute Übersetzung.)

Gebräuchlich war auch die Fassung: Du sollst den Namen Gottes nicht eitel nennen.

Meist wird mit dem zweiten Gebot die Vorstellung verbunden, es untersage das Fluchen, also die Verwendung heiliger Vokabeln im Zorn. In Wirklichkeit ist das zweite Gebot eine Warnung, den Gottesnamen illusionär bzw. opiumhaft zu verwenden.

Den frommen Juden ging diese Warnung so sehr in Fleisch und Blut über, daß sie den Gottesnamen nicht laut aussprechen mochten aus Mißtrauen gegen die subtilste Form der Mystifikation: den trughaften Gebrauch Gottes als höchster Münze im Zahlungsverkehr der landläufigen Gnadenbanken.

Meine Übersetzung des zweiten Gebotes lautet demnach:

Verwende Gottes Namen nicht zur Täuschung der Menschen.

Das zweite Gebot ist offensichtlich an die Adresse der Vorgesetzten gerichtet.

Da sich die Vorgesetzten an das zweite Gebot keineswegs halten, kann für die Anfänger folgende Vorsichtsmaßregel aufgestellt werden:

Nimm den Namen des Allerhöchsten ohne zwingenden Grund nicht in den Mund!

Er wird dir sonst im Mund umgedreht.

Vorsicht, ich muß jetzt eine Schocktherapie durchführen.

Den Gott der Vorgesetzten gibt es so wenig wie die angekündigte Bombe im Flugzeug. Er ist eine Mystifikation.

In den römischen Katakomben kann man einen Gott betrachten, der 6
in Vergessenheit geraten ist und deshalb alle späteren Mystifikationen unbeschädigt überdauert hat. Als sich die Vorgesetzten dieses Gottes bemächtigten, waren die Katakomben bereits stillgelegt.

Der Name des Gottes: Jesus Christus.

Die römischen Christen hatten bekanntlich mit den Behörden manche Schwierigkeiten, etwa 300 Jahre lang. Darnach, unter Kaiser Konstantin, schlossen die Behörden mit den Christen Frieden, und seither gibt es das Christentum.

Während der Zeit der Verfolgungen begruben die römischen Christen ihre Toten in den Katakomben. Es handelte sich dabei um unterirdische Friedhöfe an vielen Orten rund um das alte Rom. Grundstücke, die den Christen gehörten, wurden zu diesem Zweck verwendet, und die Behörden hatten dagegen nichts einzuweden. Nach römischem Recht hörte die strafrechtliche Verfolgung mit der Hinrichtung auf.

Man schätzt, daß sechs Millionen Urchristen in den Katakomben begraben sind.

Schon während der Regierungszeit Kaiser Konstantins wurden die Katakombenbegräbnisse seltener, und gegen Ende des 4. Jahrhunderts hörten sie ganz auf. Eine Zeitlang galten die Katakomben dann als Sehenswürdigkeit und Wallfahrtsziel. Später schafften die Päpste viele Wagenladungen von Gebeinen aus den Katakomben und verteilten sie auf die verschiedenen römischen Kirchen, zum Zweck andächtiger Verehrung. Auch ins Ausland wurden die Reliquien verschickt, als begehrte Devotionalien. Die Katakomben sebst verloren auf diese Weise ihre Anziehungskraft, die Zugänge stürzten ein, Gras wuchs darüber. Im Mittelalter waren sie völlig vergessen.

Am 31. Mai 1578 grub ein Mann in seinem Weingarten an der Via

Salaria und brach dabei in einen unterirdischen Tunnel ein. Vor ihm lag ein schmaler, ins weiche Vulkangestein gehauener Gang, in dessen Wände links und rechts Grabnischen eingelassen waren. Der Mann entdeckte weitere Gänge, die bildeten geradezu ein Labyrinth.

Der Fund wurde eine Sensation, und seither werden die Katakomben erforscht. Etwa 50 Katakomben wurden bisher entdeckt und untersucht, und es gibt immer noch neue Funde. Die Grabgänge, oftmals in mehreren Etagen übereinander, haben eine Länge von insgesamt fas 1000 Kilometern. Es gibt Malereien an den Wänden. Einige Katakomben sind öffentlich zugänglich, zum Beispiel die Domitilla-Katakombe an der Via Appia, zu erreichen mit dem Autobus vom Kolosseum.

In den Katakomben fehlen die beiden wichtigsten christlichen Gottesdarstellungen. Weder Gottvater noch der Gekreuzigte finden sich unter den Malereien der Katakomben.

Das Fehlen Gottvaters läßt sich einfach erklären. Wahrscheinlich fühlten sich die Urchristen durch den Wolkenthron Gottvaters allzu sehr an den behördlich vorgeschriebenen Jupiter erinnert. Den Jupiter hatten die Römer aus Griechenland importiert; dort hieß er Zeus, konnte donnern und Blitze schleudern und benahm sich im übrigen wie die meisten Despoten jener Zeit: grausam, lüstern, launenhaft. Die Urchristen befanden sich zur Despotie der damaligen öffentlichen Angelegenheit in scharfer Opposition; irdische Machthaber mochten sie nicht einmal mit dem üblichen Würdenamen «Herr» anreden. Und weil sie den Zusammenhang zwischen Kaiser und Gott als Mystifikation durchschauten, verweigerten sie den Staatsgöttern den Weihrauch.

Deshalb galten die Urchristen allgemein als gottlose Menschen und staatszersetzende Elemente.

Auch als blutige Leiche am Kreuzgalgen haben die Urchristen ihren Gott nicht abbilden wollen. Das Kruzifix gehört dem Christentum zu, nicht der Armenreligion der Katakombenzeit.

Die Katakombenchristen malten ihren Gott als knabenhafte Gestalt, als Hirtenjungen, mit den Zügen des Orpheus.

Vielleicht dachten sie dabei an einen Ausspruch ihres Heilands, eines gewissen Jesus, der in Palästina gepredigt hatte und unter Pontius Pilatus zu Tode gekommen war: Der Ausspruch lautete:

Ich bin der gute Hirte.

Das am häufigsten vorkommende Bild der Katakomben ist jedenfalls ein junger Hirte mit einem Lamm auf der Schulter.

Die Verwandtschaft dieses Heilands mit der offiziellen Christusgestalt der späteren Reichsreligion ist so weitläufig wie die Verwandtschaft eines Hirtenstabes mit einem königlichen Zepter.

Die Hofschreiber und Hauskapläne der Könige haben gelegentlich die Auskunft erteilt, daß sich das königliche Zepter aus dem Hirtenstab entwickelt habe.

Über die Nützlichkeit dieser Entwicklung sind die Untertanen nie befragt worden.

Viele Urchristen waren Sklaven.

Wenn sie in die Katakomben gehen wollten, dann sagten sie zu ihren Herren:

Ich möchte zu einer Totenmahlzeit gehen.

Eine Totenmahlzeit war eine behördlich anerkannte religiöse Übung. Sie war nach der Bestattung üblich, und die Polizei hatte keinen Zutritt. Ohne Aufsehen konnten die Christen mit ihren Brotkörben und Weinflaschen ins Totenreich hinuntersteigen.

Dann verwandelten sich die Sklaven in Mystiker, beim Genuß der göttlichen Substanzen.

(Der Vorgang, damals streng geheim, ist heute allgemein bekannt. Je nach Religionsbekenntnis und Sprache heißt er «Abendmahl» oder «Kommunion», bei den christlichen Kirchen und Gruppen aller möglichen Schattierungen.)

Beim Schein der Öllämpchen haben die Katakombenchristen ihre Hoffnung auf Unsterblichkeit erneuert, der junge Gott verkörperte sich in ihrem Mund als Nahrung zum ewigen Leben. Manche Christen trugen eine kleine Kapsel um den Hals, darin waren Reste des frommen Mahles. Auch den Toten gab man diese Art Wegzehrung mit, in gläsernen Ampullen.

Im Kalk um die Toten hat man solche Gläser in Mengen gefunden, und in ihnen die vertrockneten Rückstände der Totengabe:

Brot und Wein.

Ich erinnere mich noch an einen langweiligen Vormittag in der Wiener Universität. Der Professor, alt und fast blind, im Habit eines Benediktiners, hielt seine Vorlesung vor vielleicht 50 Priesterstudenten. Manche, von der Monotonie seiner Stimme eingeschläfert, dösten vor sich hin, andere lasen Zeitung. Einige, darunter auch ich, hatten Skripten vor sich und unterstrichen Namen, Jahreszahlen und Definitionen. Das Thema der Vorlesung: Die Realpräsenz Christi in den Gestalten von Brot und Wein.

Ich weiß nicht mehr, an welcher Stelle der Vorlesung es war, als mir schlagartig der Sinn des Gemeinten aufging, in seiner ganzen Buchstäblichkeit und Leibhaftigkeit:

Das da, die Oblate, die Hostie, ist der Gott.

Man kann ihn angreifen. Man kann ihn essen.

Katakombenmystik, garantiert echt, ohne künstliche Zutaten.

Bester Materialismus auch. Aber das wußte ich damals noch nicht.

Materialismus?

Das ist doch das genaue Gegenteil von Mystik!

Nicht immer, meine Damen und Herren, nicht immer.

Wenn der Gott mit einem Stück Brot identifiziert wird, dann feiern Materie und Geist eine Hochzeit.

Meist irren die beiden getrennt durch die Köpfe der Menschen, suchen einander und finden sich nicht.

Der gute alte Dualismus.

Oben, in den höheren Sphären, der Geist. Besitz und Bildung, das Streben nach dem Wahren, Guten und Schönen. Die gepflegten Umgangsformen, das Unterscheidungsvermögen zwischen Dur und Moll, Soll und Haben, Recht und Unrecht, Krieg und Frieden.

Unten, in den Niederungen, der Stoff. Das Menschenmaterial, das Arbeitspotential. Das gesunde Volksempfinden. Die Konsumenten. Das materialistische Zeitalter, ohne Sinn für die höheren Werte. Und so weiter, im Spiegelkabinett der Mystifikation.

2000 Jahre abendländischer Philosophie, prall von Idealismus, drängten sich zwischen mich und den Sklavenglauben der Katakomben, deuteten ihn, verflüchtigten seine sinnliche Leibhaftigkeit, seinen vorsichtigen Zorn, seine zärtliche Lebensfreude.

In der Kirche des Priesterseminars brannte ein rotes Lämpchen über dem Gehäuse des leibhaftigen Gottes. Abends, nach dem gemeinsamen Nachtgebet, wurden fast alle Lichter in der Kirche gelöscht. Die barocken Verzierungen waren dann im Dunkeln, und nur ein Wandleuchter gab etwas Helligkeit.

Das rote Licht über dem Tabernakel wird auch «ewiges Licht» genannt, und zwar deshalb, weil man es auch dann nicht löscht, wenn die Kirche verschlossen wird. Es soll die beständige Gegenwart des Gottes signalisieren.

Diese Gegenwart hat mich fasziniert, und so blieb ich nach dem Abendgebet noch eine Weile auf meinem Platz in der Kirche. Einige andere Zöglinge verfügten ebenfalls über eine mystische Ader, und während einer guten halben Stunde übten wir, jeder für sich und auf seine Weise, die Versenkung.

Es handelte sich um eine freiwillige Übung, außerhalb der gemeinsamen Gebetszeiten.

Nachher, vom langen Knien ein wenig steif in den Beinen, ging ich dann über eine Wendeltreppe in mein Zimmer. Begegnungen mit anderen Zöglingen verliefen stumm, denn vom Abendgebet bis zum Frühstück war das Reden verboten.

Mit welchem Gott stand ich in Beziehung, vor 25 Jahren, in der nächtlichen Kirche?

Nicht mit Gottvater. (Der du bist in dem Himmel.)

Nicht mit dem Gekreuzigten. (Blut, Todesqual, Dornenkrone.)

Eher einer stillen, ziehenden Anwesenheit sah ich mich ausgesetzt, nicht ohne eine gewisse Bangigkeit. Ich fühlte mich angeschaut, nicht unfreundlich, aber auch nicht vertraulich.

Prof. Leisegang (oben Nr. 4) würde von kontemplativer Mystik sprechen.

Meine Gefühle, so könnte man es vielleicht ausdrücken, waren antik. Kulturgeschichtlich gehören sie in den Mittelmeerraum des zweiten oder dritten nachchristlichen Jahrhunderts, und mit einem Mithrasgläubigen oder Osirisjünger hätte ich mich durchaus über meine Empfindungen unterhalten können. Auch mit einem Katakombenchristen.

Im Mittelmeerraum, in der sogenannten hellenistischen Epoche, haben überall die sogenannten Mysterien geblüht, jene Geheimreligionen, aus denen die europäische Mystik entsprungen ist. Verwandtschaften der Mysterien mit iranischen und fernöstlichen Gefühlskulturen sind nachgewiesen.

Was fängt ein junger Mann mit antiken Geheimgefühlen an? Zunächst einmal geht er schlafen.

Morgen ist auch noch ein Tag.

Auf den Katakombenheiland wird noch zurückzukommen sein. Er 7
gehört den seltenen schönen Perlen, die man ungern hergibt, wenn man sie einmal gefunden hat.

Der Vergleich mit der Perle stammt aus dem Matthäusevangelium: So gleicht das Himmelreich einem Kaufmann, der schöne Perlen suchte. Als er aber eine kostbare Perle fand, ging er hin, verkaufte alles, was er besaß, und kaufte sie.

Wie kommt der Kaufmann zu seinem sachkundigen Blick? Wie lernt er, Gefälschtes vom Echten zu unterscheiden? Wie vermeidet er es, nach Strich und Faden betrogen zu werden?

Auch der sachkundige Kaufmann hat als Anfänger begonnen. Irgendwann wird ihm ein schlauer Perlenhändler zugeflüstert haben:

Hier habe ich etwas ganz Besonderes für dich!

Und der unerfahrene Kaufmann tätigt überstürzt den Handel, nur um später darüber belehrt zu werden, daß er einer Fälschung aufgesessen ist.

Einer Mystifikation.

Was auf dem Gebiet des Perlenhandels gilt, sollte in dem so heiklen Bereich der Mystik nicht vernachlässigt werden: Äußerste Vorsicht beim Einschlagen in einen entscheidenden Handel.

Bevor die Anfänger nicht gelernt haben, zwischen Mystik und Mystifikation zu unterscheiden, sollten sie allen Mystikangeboten mit Reserviertheit begegnen.

Verweilen wir also noch ein wenig bei der vierten Lektion. Der Mystikmarkt ist voll von Angeboten, und der geschäftliche Niedergang der altrenommierten Gnadenfirmen hat eine Menge unseriöser Unternehmungen begünstigt, die handeln mit Joghurt und Yoga, vermitteln Flüge zu den Wunderdoktoren auf den Philippinen, versprechen transzendentale Erkenntnisse um 150 Dollar, mischen östliche und westliche Geheimlehren zum garantiert wirksamen Seelentee, organisieren Zirkel zum Zweck der Kontaktaufnahme mit den Verstorbenen, verschreiben wirksame Fastenkuren, feiern schwarze Messen, veranstalten Meditationskurse, präsentieren Sensitive, fotografieren die Aura der Fingerspitzen, dokumentieren fliegende Untertassen, experimentieren mit dem Od und der Schlangenkraft, bauen Karma ab und Aschrams auf, stellen Horoskope, veranstalten Symposien über C. G. Jung und Georg Gurdjieff, kommentieren das tibetanische Totenbuch und die Kabbala, werben für Heilkräuter.

Es gibt auch seriöse Firmen auf dem Mystikmarkt, aber in verhältnismäßig geringer Zahl.

Wie sollen die Anfänger unter dem großen Angebot eine Auswahl treffen?

Wie den Humbug von der angemessenen Information unterscheiden?

Ich darf zunächst die Grundsätze der ersten drei Lektionen in Erinnerung rufen:

1. Das Fasziniertsein vom Bedeutenden usw. soll verlernt, der bewundernde Blick in die Höhe umgebrochen werden. Wichtig sind Nähe, Niedrigkeit, Heimlichkeit.

2. Kleine Weigerungen sind zu üben.

3. Begriffsbestimmungen sind unnütz für die Anfänger und sollen tunlichst vermieden werden.

Die erste Regel gestattet den Anfängern, aus dem Mystikangebot all das auszusondern, was unter dem Anspruch des Niedagewesenen, absolut Wahren, Einmaligen usw. auftritt. Die Anfänger dürfen sicher sein, daß es sich bei Anpreisungen dieser Art um Humbug handelt.

Die zweite Regel erlaubt den Anfängern, zudringliche Missionare abzuweisen.

Die dritte Regel hilft den Anfängern, alle mit wissenschaftlichen Etiketten versehenen Mystiken zur Seite zu legen. Hier gilt der Merksatz des Philosophen Wittgenstein:

Wir fühlen, daß selbst, wenn alle möglichen *wissenschaftlichen Fragen beantwortet sind, unsere Lebensprobleme noch gar nicht berührt sind.*

Bei Beachtung dieser Regeln kann man zu einer Haltung gelangen, die der Unterscheidung zwischen Mystik und Mystifikation überaus dienlich ist. Wir nennen sie den «inneren Vorbehalt».

Der Ausdruck stammt aus dem Roman *Joseph und seine Brüder* von Thomas Mann. Dort heißt es, die Verwandten des ägyptischen

Joseph betreffend: «Auch daheim schon hatten er und die Seinen, die Abrahamsleute, immer als ‹gerim› und Gäste unter den Kindern des Landes gewohnt, angepaßt wohl, verbunden und eingesessen von langer Hand, aber mit innerem Vorbehalt und einem abgerückt-sachlichen Blick auf die greulich-gemütlichen Baalsbräuche der rechten Kanaanskinder.»

(Das hebräische Wort «gerim» heißt soviel wie «Fremde».) An einer anderen Stelle seines Romans drückt Mann die Gefühle des ägyptischen Joseph gegenüber dem allmächtigen Pharao wie folgt aus: «Spott gegen das unverschämt Erdengewaltige; geheime Auflehnung in Gottes Namen gegen Nimrods gesammelte Köngismacht.»

(Nimrod war, nach einer Bemerkung der Bibel, der erste Gewalthaber auf Erden.)

Die Haltung des inneren Vorbehalts kann am besten bei den Juden studiert werden. Auch die Katakombenchristen haben sich in ihr geübt. Daß sie keineswegs ausgestorben ist, bezeugt meine Tante Rosa. Die Haltung des inneren Vorbehalts ist immer dann angebracht, wenn man mit herrschenden Meinungen konfrontiert wird. Die Anfänger dürfen von der Annahme ausgehen, daß herrschende Meinungen in der überwiegenden Zahl der Fälle mit Mystifikationen durchwirkt sind. Herrschende Meinungen vertragen sich mit der Mystik schlecht.

An dieser Stelle meiner Ausführungen möchte ich, zu Nutz und Frommen der Anfänger, eines unbekannten und längst verstorbenen Genies dankbar gedenken:

Des Stammvaters und Urahnen der ägyptischen Grabräuber.

Er lebte früher als Moses, und sein Spott gegen das unverschämt Erdengewaltige gehört zu den besten Erfindungen der Menschheit.

Der ägyptische Pharao war, nach der damals herrschenden Meinung, ein Gott.

Dementsprechend großzügig gestaltete sich sein Übergang von der diesseitigen in die jenseitige Daseinsform, wie an den ägyptischen Pyramiden und sonstigen Königsgräbern ersichtlich ist.

Sie alle wurden, zur Trauer der Touristen und Altertumswissenschaftler, gründlichst ausgeplündert, mit Ausnahme des Grabes von Tut-ench-Amun, das von den Grabräubern offenbar übersehen worden ist.

Die Grabräuber, so wird man belehrt, arbeiteten mit Sachkundigkeit und Geduld. Alle die aufgestellten Fallen, die blinden Gänge, die Wachen – die Grabräuber verfügten über Mittel und Wege, um trotzdem zu den Grabschätzen zu gelangen. Man vermutet, daß unter den Pyramidenarbeitern bereits Spione der Grabräuber waren, und vielleicht war der eine oder andere Grab-Architekt von den Räubern bestochen. Noch heute soll es in Ägypten gewisse Familien geben, die kostbare Informationen hüten und diese auch auswerten, als professionelle Diebe, allen polizeilichen Gegenmaßnahmen zum Trotz.

Die Grabräuber Ägyptens verkörpern eine uralte religionskritische Tradition.

Es erhebt sich die Frage nach dem Stifter dieser ehrwürdigen Überlieferung.

Handelte es sich vielleicht um einen verschmitzten Priester der unteren Ränge, dem die Klostersuppe zu dünn war?

Wir wissen es nicht.

Irgendwann einmal, das darf jedenfalls angenommen werden, hat ein Mensch in Ägypten zum erstenmal einen streng verpönten Gedanken gedacht, im Angesicht der prunkvollen Begräbnisbräuche der hohen Herrschaften:

Aber das ist doch ein Humbug!

Hierbei handelt es sich um einen religionshistorisch überaus wichtigen Augenblick.

Die Anfänger sind hiermit eingeladen, diesen Augenblick als Geburtsstunde der Ketzerei zu betrachten.

Man könnte annehmen, daß der erste Pyramidenplünderer aus einem Volksstamm kam, der von den Pharaonen unterworfen und dem ägyptischen Reich einverleibt worden war. Es gibt viele Beispiele dafür, wie zäh sich in derart belästigten Menschengruppen das Mißtrauen gegen die jeweils siegreichen Gläubigkeiten gehalten hat, über viele Generationen hinweg, bei nach außen hin zur Schau getragener Fügsamkeit.

So mag unser Erzräuber die Spottlust gegen das unverschämt Erdengewaltige schon mit der Muttermilch bekommen haben – was seiner Originalität keineswegs Abbruch tut. Seine erfinderische Leistung bestand darin, den Schritt vom ohnmächtigen Querulieren zur gewinnbringenden Praxis getan zu haben.

Ich kann mir seine flinken Augen beim Pyramidenbau vorstellen, seine schmeichlerische Gefügsamkeit gegenüber den Fronvögten und Feldwebeln des gewaltigen Unternehmens. Ein anstelliger, hübscher und geschmeidiger Sklave. Vielleicht hat er sich in die nächste Umgebung des Chefarchitekten emporgedient, an Türen gelauscht und bei alledem seine Gesundheit geschont. Während andere Fronsklaven wie die Fliegen sterben, fächelt er dem Hofkonstrukteur unterm Prunkzelt Kühlung zu.

Er weiß: Beim Tod des Pharao werden gewaltige Schätze in die Pyramide gebracht, als Jenseitstrost für die göttliche Mumie.

Und eines Tages denkt er zum erstenmal den kühnen Gedanken: Diese Schätze kann man sich holen.

Gar keine Angst vor dem Gott in der innersten Kammer?

Nein.

Es handelt sich dabei um eine ganz gewöhnliche Leiche.

Später steht er demütig im Spalier, während die Barken der Priester über den Nil kommen, mit der Leiche des Pharao und den Schätzen. Er lauscht den wochenlangen Gebeten, verbeugt sich im Takt mit den anderen Sklaven.

Nach dem Einfügen des Schlußsteins kehrt er mit seinem Herrn in die Stadt der Lebendigen zurück. Sorgsam bereitet er seine Flucht vor, und eines Nachts verschwindet er aus dem Palast, zurück zu den Seinen am Rand der Wüste.

Ob er wohl selbst noch ans Ziel seiner Wünsche gelangt ist? Warum nicht? Wenn er mit 20 den entscheidenden Vorsatz gefaßt hat, dann blieben ihm gute 40 Jahre zur Verwirklichung seines Vorhabens – vorausgesetzt eine gute Gesundheit.

Als alter Mann steht er schließlich mit seinen Gefährten vor den Schätzen, keuchend und hustend in der staubigen und dumpfen Luft. Im Licht der Fackeln glänzt das Gold.

Bravo, meine Herren!

Das Gold wird zweifellos einer nützlichen Verwendung zugeführt werden.

Fünfte Lektion

Das dritte, was die Anfänger verlernen müssen, ist die Fügsamkeit gegenüber siegreichen Traditionen

8 Zunächst ein Merksatz, welchen ich dem Buch *Not in God's Image* von Julia O'Faolain und Lauro Martinez entnehme. Das Buch enthält eine Sammlung von Texten über die Rolle der Frauen in der Gesellschaft, von der altgriechischen Epoche bis zum Viktorianischen Zeitalter in England. Ich darf den Merksatz zunächst im Original anführen, wegen seiner kühlen Knappheit im Englischen:

Most opinions coming down to us from the past are those of victors. Meine Übersetzung:

Die allermeisten Überzeugungen, die aus der Vergangenheit auf uns gelangen, sind die von Siegern.

Ein lehrreiches und für die Mystik wichtiges Beispiel für eine siegreiche Tradition ist die Herrschaft der Männer über die Frauen. Seit es die sogenannten Hochkulturen gibt, also seit mehr als 5000 Jahren, ist diese Art Herrschaft eine Grundbedingung für die Kulturentwicklung geworden, bis heute.

Daß es auch andersherum geht, zumindest bei den Wilden, steht fest; die Völkerkundler haben an die 100 Gesellschaften gefunden und untersucht, deren Handel und Wandel sich an den Frauen orientiert. Außerdem gibt es begründete Vermutungen, daß bestimmte schriftlose Völker der Vergangenheit mutterrechtlich organisiert waren, beispielsweise die Kelten im vorchristlichen Irland, oder die neusteinzeitlichen Anatolier.

Der Ausdruck «mutterrechtlich» geht auf ein Buch zurück, das 1861 von J. J. Bachofen veröffentlicht wurde: *Das Mutterrecht.* Die These dieses Buches ist bis heute umstritten; ihr zufolge durchlaufen alle menschlichen Gesellschaften drei Stadien der Familienorganisation: die der Promiskuität, die des Mutterrechts und die des Patriarchats. (Bachofen zog die «milde Humanität» der Frauenordnung dem Männerregiment vor.) Tatsache ist jedenfalls, daß alle sogenannten Hochkulturen von den Männern gemanagt worden sind. Die Erfindung des despotischen Königtums und der stehenden Heere, der Sklaverei und der Todesstrafe fällt mit der Erfindung der Schrift zusammen, welch letztere die Priesterkönige für ihre umfangreiche Buchhaltung benötigten. Mit der Buchhaltung betritt der Mensch, nach einer bekannten Redensart, das Licht der Geschichte.

Gegenüber dieser Art Licht ist von seiten der Anfänger der innere

Vorbehalt angebracht.

Oder, mit den Worten der Jungfrau von Orléans, gerichtet an die hochmögenden Herren der Inquisition:

Das ganze Licht ist nicht für euch allein da!

In der Redewendung vom «Licht der Geschichte» bekundet sich der beiläufige Hochmut der siegreichen Kathederwissenschaft: was vor der Erfindung der Schrift sich unter den Menschen abgespielt hat, liegt in fragwürdiger Dunkelheit und verhält sich zu den Schriftkulturen wie die Wilden zu den Zivilisierten.

So lautete der selbstverständliche Glaube der Gelehrsamkeit vor dem Ersten Weltkrieg, in der imperialistischen Ära. In dieser Sicht der Dinge hatte sich die Menschheit aus niedrigen Anfängen bis zu ihrem (damals) höchsten Stand an Zivilisiertheit entwickelt, wie ersichtlich aus den glanzvollen Weltausstellungen jener Epoche. Homer und Sokrates, so geschätzt sie auch waren, mußten in den Augen unserer gebildeten Großväter hinter dem Eiffelturm zurücktreten, und noch das europäische Mittelalter galt den Lesern der «Gartenlaube» als dunkel. Außenseiter wie Bachofen und Marx, die dem geradlinigen und rüstigen Fortschreiten der Menschheit von der Höhle der Neandertaler bis zum eleganten Club in der City von London nicht so recht trauen mochten, fanden unter den gebildeten Kreisen der Belle Époque keinen Beifall.

Die siegreiche Geschichtsauffassung des bürgerlichen Jahrhunderts hat sich, trotz einiger unangenehmer weltpolitischer Zwischenfälle nach 1914, recht gut gehalten, in den Schulen und Universitäten.

Für die Anfänger ist diese Geschichtsauffassung leider unbrauchbar.

Die Anfänger sind vielmehr eingeladen, das heimliche Licht der Besiegten zu suchen.

Beispielsweise im attischen Eleusis, einem der Geburtsorte der europäischen Mystik.

Als die eleusinischen Mysterien vom siegreichen Christentum verdrängt wurden, waren sie bereits 1500 Jahre alt. Trotz ihres hohen Alters ist ihre Grundanschauung keineswegs mysteriös, sondern verständlich, und deshalb ist ihre Betrachtung lehrreich.

Eleusis (heute Elefsis), an der gleichnamigen Meeresbucht, liegt 20 km von Athen und hat 11000 Einwohner. Vom quadratischen Weihetempel, der in die sogenannte mykenische Periode (1600–1150 v. Chr.) zurückreicht, sind nur noch einige Trümmer vorhanden.

Der Tempel stand bis 395 n. Chr. in Betrieb und war durch Jahrhunderte ein weltberühmter Wallfahrtsort, als Sitz der eleusinischen Mysterien. Zwischen Athen und Eleusis gab es einen «heiligen Weg». Auf diesem zogen die Athener in fröhlicher Prozession zur Kornmutter Demeter, und der Saatkorb der Göttin wurde mitgeführt.

Diese herbstlichen Feiern hatten landwirtschaftlichen Charakter: Sie fanden zur Zeit der Aussaat statt. Das Saatgut, in Körben und Krügen, wurde aus den Speicherräumen geholt. Die Speicher waren unter der Erde, wegen der nötigen Kühle. (Ärmere Bauern vergruben die Körbe mit dem Saatgut einfach in der Erde.)

Ein landwirtschaftlicher Zyklus also: Im Mai und Juni, zur Erntezeit, wurde das Saatgut vergraben. In der Sprache der Bauern hieß dieser Arbeitsvorgang «der Weg nach unten». Im Herbst, zur Aussaat, grub man die Behälter wiederum aus – «der Weg nach oben».

Oben: Das ist der Acker, auf dem arbeitet der Bauer, auf dem steht das Korn. Dann wird es abgeschnitten, und die besten Körner werden nach «unten» gebracht. Das Saatgut ist dem Bauern ein Unterpfand für die Nahrung des kommenden Jahres, es stellt seinen Reichtum dar – das also, was er nicht alsbald verbraucht.

Soweit die Tatsachen. Das, was der Fall ist. Die Rede über das, was der Fall ist, heißt im Altgriechischen: Logos.

(Im Jiddischen: Tacheles)

Dann kommen die Gefühle, die Reaktionen auf die Tatsachen, die Dichtung, die Fiktion. Im Altgriechischen: Mythos.

(Im Jiddischen: Schmonzes.)

Auf dem säuberlich gefegten Dreschplatz hocken die Bauersfrauen. Sie sind schwarz gekleidet, und jede hat eine Sichel vor sich liegen. Im Zentrum des Kreises stehen die Körbe mit dem Saatgut. Wir befinden uns im alten Griechenland, irgendwann zwischen 5000 und 2000 vor Christi Geburt, in der Gegend des heutigen Elefsis. Die Bauersfrauen sind mit der Ernte zufrieden, und sie haben ein schlechtes Gewissen, wegen des gewaltsam abgeschnittenen Korns. Vorsichtshalber beklagen und beweinen sie das getötete Korn, das befindet sich in den Saatkörben.

Ein zärtlicher, besänftigender Singsang, in welchem das Saatgut zum Kornmädchen wird, das muß jetzt hinunter in die Erde, bis zum Herbst: Daß du uns ja nicht da drunten bleibst, für immer!

Die Bangigkeit vor der Dürre des Sommers. Wenn die Dürre länger währt als der Sommer, dann muß man hungern.

Die unverheirateten Bauernmädchen tanzen einen langsamen Reigen, wie bei einem Begräbnis. Dann werden die Körbe mit dem Saatgut in die Erde versenkt.

Den neugierigen Kindern, denen der Sinn der Veranstaltung nicht klar ist, erzählen die Mütter eine kleine Geschichte:

Das Kornmädchen, schöner als alle anderen Mädchen, gefiel dem Herrn der Unterwelt, und er raubte es ihrer Mutter. Auf einer blühenden Wiese spielte das Kornmädchen mit ihren Freundinnen, da kam der Totenkönig und nahm es mit sich. Alsbald verwelkten die Blumen, von den Bäumen fielen die Blätter, und ein Jahr lang gedieh kein

Halm auf der Erde.

Und dann?

Dann kam Hermes, stieg in die Erde hinunter und verhandelte mit dem Herrscher der Toten. Er sagte: Wenn die Dürre nicht aufhört, dann sterben alle Menschen, und die Unterwelt hat nicht Platz für die vielen Toten.

Der Herr der Unterwelt sah das ein und ließ das Kornmädchen frei, unter einer Bedingung. Ein Drittel des Jahres müsse das Kornmädchen bei ihm verbringen, vom Juni bis zum September. So geschah es, und soeben hat das Kornmädchen wieder hinunter müssen. In dieser Zeit ist alles dürr auf der Erde. Im Herbst, wenn das Mädchen wieder nach oben darf, kommt die Erleichterung. Dann säen wir Gerste und Korn, und die Kinder haben zu essen.

Im Herbst gibt es das fröhliche Fest, mit allerlei Fruchtbarkeitssegen und Lustgeschrei. In einem großen Korb sitzt das schönste Mädchen des Dorfes, das steigt dann aus seinem Versteck und wälzt sich auf dem Acker. Auch die anderen Frauen wälzen sich auf dem Saatfeld, und die Männer des Dorfes erleben eine großartige Stunde.

Prof. Murray bemerkt hierzu, daß die griechischen Mysterien in ihrer Urphase nichts anderes waren als die Religion einer bäuerlichen Bevölkerung. Zur Geheimhaltung bestand keine Veranlassung, die alten Geschichten wurden getreulich weitererzählt. In deren Mittelpunkt stand die junge Frau als Inbegriff der Fruchtbarkeit. Die Namen, die man ihr später gab (Kore, Persephone), sind ungewissen Ursprungs. Demeter, ihre Mutter, verdankt ihren Namen wahrscheinlich den indoeuropäischen Einwanderern.

Die Einwanderer. Sie sprachen andere Dialekte (indoeuropäische) als die Einheimischen, verehrten andere Götter und kamen erstmalig um das Jahr 2000 v. Chr. nach Griechenland. Ein paar hundert Jahre dauerte diese Okkupation, und nicht immer verlief sie mit sanfter Gewalt.

Um 1600 v. Chr. gibt es in Griechenland die ersten Despoten, die bauen gewaltige Burgen – in Mykene und Tiryns, Athen, Theben und Gla, auch im nördlichen Iolkos. Die Fürsten lassen sich mächtige Gräber errichten, Steinblöcke von 100 Tonnen Gewicht werden dabei bewegt. Ferner ist zu berichten, daß es eine herrschende Schicht gibt, die ist kriegerisch und verfügt über Streitwagen und lange Schwerter, verschanzt sich in Palastfestungen und kontrolliert von ihnen aus das bäuerliche Hinterland.

Auch in Eleusis entsteht eine Burg und ein Tempel.

So sind die hochkulturellen aggressiven Errungenschaften mit einiger Verspätung auch nach Griechenland gekommen, die Bauern mußten fronen und Kriegsdienst leisten, und mit der guten alten Zeit war es zu Ende.

Die neuen Herren haben in Eleusis einen Tempel erbaut, der gehört in die erwähnte mykenische Kultur, eine bronzezeitliche, mit der soeben skizzierten Herrschaftsgestalt, inklusive Schrift, zum Zweck der Palastverwaltung. Was in diesem Tempel gefeiert wurde zur damaligen Zeit, ist unbekannt. (Die ersten schriftlichen Hinweise auf die eleusinische Frömmigkeit stammen aus dem 8. Jahrhundert.)

Es gibt jedoch drei sichere Anhaltspunkte für das Verständnis der Mysterien von Eleusis.

Erstens: Der altagrarische Ursprung der eleusinischen Urmythe. (Ich habe sie vorhin sozusagen rekonstruiert.)

Zweitens: Die Errichtung eines Tempels in Eleusis, zur Zeit der Fürstenherrschaft der mykenischen Ära.

Drittens: Die Trennung zwischen «Eingeweihte» und Laien – der für die Entstehung der Mystik von Eleusis springende Punkt. Diese Trennung ist der homerischen Dichtung des 8. Jahrhunderts bereits bekannt, muß also vor Homer stattgefunden haben.

Die entscheidenden Fragen lauten somit:

Warum ist in Eleusis die fromme Geheimhaltung entstanden?

Was hatte man zu verbergen und vor wem?

Wer hatte ein Interesse an Geheimhaltung?

Die Antwort auf diese Fragen ist für die Anfänger der Schlüssel zum Verständnis der Geschichte der Mystik.

9 Eine Volksweisheit aus Dahome (Afrika) unterscheidet zwischen drei Arten von Freunden:

Der erste sagt alles, was er weiß.

Der zweite erzählt die Hälfte von dem, was er weiß.

Der dritte steht an der Türschwelle und horcht, soviel er kann.

Wie man sieht, verstehen die Neger in Dahome eine Menge von praktischer Soziologie. Sie wissen: Information ist eine Waffe im sozialen Kampf. Das Vorhandensein von Geheimnissen ist ein sicheres Indiz für das Vorhandensein von Konflikten.

Nicht nur die Neger in Dahome verfügen über diese soziologische Einsicht. Auch Industriespione, Geheimdienst-Organisationen und Journalisten profitieren von ihr. (Die letztgenannte Gruppe gehört zu den Freunden der dritten Kategorie.)

Reden ist Silber, Schweigen ist Gold. Diese schlichte Lebensregel ist auch den Anfängern bekannt, sie bedarf keiner besonderen Lektion. Sie bleibt so lange in Kraft, als es Konflikte gibt.

Die Mystik hat sich an diese Regel gehalten, in exemplarischer Weise. Da die Mystik nie an der Regierung war, ist ihre Verschwiegenheit als oppositionelle anzusprechen.

Die Mystik erzählt die Hälfte von dem, was sie weiß.

Die andere, gefährliche Hälfte bleibt ein Geheimnis. Sie wird nur unter den Freunden der ersten Kategorie weitergesagt. Die Freunde der ersten Kategorie sind die Eingeweihten (griechisch: Mysten). Sie werden sorgfältig geprüft, bevor ihnen die Geheimnisse mitgeteilt werden. Die wichtigste Tugend, die von den Kandidaten erlernt werden muß, ist die Verschwiegenheit. Die sprachliche Wurzel für Mystik, im altgriechischen Original, bedeutet soviel wie:

Den Mund halten.

Jemanden einweihen hieß ursprünglich:

Ihn zum Mundhalten bringen.

Bevor ich darangehe, die Anfänger in die Mysterien von Eleusis einzuweihen, muß ich eine Warnung aussprechen. Ich muß davor warnen, die Kontrolleure in einen Topf mit den Kontrollierten zu werfen.

Die Kontrolleure verfügen nämlich ebenfalls über die Technik der Einweihung, wie ersichtlich aus der Geschichte der hochkulturellen Priesterkasten.

Diese Priesterkasten, erstmals in Mesopotamien und in Ägypten auftretend, zur Zeit der Erfindung der sogenannten Hochkulturen, haben die Bevölkerungen dieser Länder kontrolliert, gemeinsam mit den Königen und dem Adel. Bei den Priestern wurde das Lesen und das Schreiben gehütet, die Kalenderbestimmung und die Astronomie und viele sonstige nützliche Kenntnisse zur Leitung und Lenkung der Völker.

Daß Wissen auch Macht bedeutet, ist für jeden Priester eine selbstverständliche Wahrheit. Die Priester haben sich, bis herauf in die Neuzeit, hartnäckig dagegen gewehrt, das Analphabetentum der Bevölkerungen zu beseitigen. Sie haben sich stets an die Regel des weisen Lao-tse gehalten, wie sie im 3. Kapitel des «Tao te King» niedergelegt ist; sie empfiehlt eine Politik, welche sich auf die Unwissenheit des Volkes stützt.

Auch die Priester haben also ihre Zulassungsprüfungen und Einweihungen, wie ich aus persönlicher Erfahrung bestätigen kann. Auch die Priester werden zum Mundhalten gebracht. Sie lernen, mit vielen Worten wenig zu sagen, weniger als die Hälfte von dem, was sie wissen. (Diese Kunst ist inzwischen auch unter den Persönlichkeiten des öffentlichen Lebens anzutreffen.)

Die Anfänger sind eingeladen, zwischen den Regierungsgeheimnissen und den Geheimnissen der Regierten zu unterscheiden. Zu den letzteren gehören die Mysterien von Eleusis.

Wie sie dazu geworden sind, läßt sich rekonstruieren.

400 Jahre lang, wie berichtet, wurden die Bauern in Eleusis von den bronzezeitlichen Herrschaften regiert.

Dann, um 1200, kamen wiederum Einwanderer, aus dem Norden,

und zerstörten die mykenischen Burgen. Auf schriftliche Aufzeichnungen legten die neuen Herren keinen Wert, weshalb die Periode zwischen 1200 und 800 v. Chr. in Griechenland von den Historikern das «dunkle Zeitalter» genannt wird.

Gar so dunkel kann es aber nicht gewesen sein, denn an seinem Ende gibt es in Eleusis bereits die verschwiegenen Eingeweihten, als Hüter eines heimlichen Lichts.

Die neuen Herren verfügten über eiserne Waffen, was in den Augen unserer Geschichtsphilosophen einen Fortschritt gegenüber dem Bronzezeitalter darstellt. Von diesem Fortschritt haben die Bauern in Eleusis wenig gemerkt; nach wie vor mußten sie den Rittern und Recken dienen, die liebten den Kampf, die Jagd und die Frauen. In den homerischen Epen sind diese Raufbolde hinlänglich glorifiziert worden, sie gehören zum Bildungsgut.

Nicht Agamemnon und Achill haben jedoch die Anfänger zu interessieren, auch nicht Zeus, der oberste Herr und Blitzeschleuderer und männliche indoeuropäische Tagvater.

Sondern das vom Fortschritt besiegte Kornmädchen.

Zäh haben die vom Fortschritt überrumpelten Bauern am Hinunterschicken und Heraufholen des Kornmädchens festgehalten, am jahreszeitlichen Zyklus ihrer bescheidenen Ackerfeste, trotz neuer Götter und eiserner Errungenschaften.

Irgendwann ist einem unbekannten Genie in Eleusis ein Licht aufgegangen, während der Zeit des listenreichen Odysseus.

Der neue Gedanke hat zweifachen Sinn, entsprechend dem Hinunterschicken und dem Wiederauftauchen des Saatguts. Er lautet:

Man hat uns hinuntergeschickt ins Nicht-Adligsein, hat uns Fronburgen vor die Nase gesetzt. Aber wie Kore tauchen wir auf, unbesiegbar und trotzend dem Tod.

Ein gefährlicher und keineswegs selbstverständlicher Gedanke.

Wer immer ihn zuerst gedacht hat, konnte nicht wissen, daß er einen durchaus keimkräftigen Samen gefunden hatte. Der hat schließlich, nach langen Auseinandersetzungen in Athen und Umgebung, die Demokratie gebracht, nach Monarchie und Aristokratie und Tyrannis, real genug, im 5. Jahrhundert vor Christi Geburt, inklusive Beteiligung der Bauern am politischen Leben.

An dieser Stelle darf ein Merksatz eingeschoben werden. Er stammt von Ernst Bloch und lautet:

Mysterien sind das Anti-Triviale schlechthin.

Meine Mutter hat nie behauptet, sie sei gern ins Büro gegangen, 45 Jahr lang jeden Tag außer Samstag und Sonntag und drei Wochen Urlaub im Jahr. In der Früh wurde ihr die Zeit immer knapp, denn sie hatte einen gesegneten Schlaf. So lief sie mehr als sie ging zur Straßenbahn-Haltestelle, um doch noch pünktlich zur Arbeit zu kommen.

Daß meine Mutter ins Büro gehen mußte, ist eine triviale Tatsache. Meine Mutter hat das auch recht genau gewußt. Sie drückte ihr Wissen mit einfachen Worten aus. Sie sagte:

Eigentlich bin ich nie besonders gern ins Büro gegangen.

Gelegentlich zündete sie dem heiligen Antonius eine Kerze an.

Das Anzünden der Kerze darf als nicht-trivial bezeichnet werden.

Das Anzünden der Kerze ist eine Verrichtung, und keineswegs eine rein gedankliche Tätigkeit. Eine rein gedankliche Tätigkeit lag meiner Mutter eher fern; sie hatte keine Zeit dazu. Gleichwohl wäre es unangebracht, das Anzünden der Kerze als gedankenlose Tätigkeit zu bezeichnen. Die Gedanken, die meiner Mutter beim Anzünden der Kerze durch den Kopf gingen, wurden von ihr nicht ausgesprochen.

Sie hielt diesbezüglich den Mund.

Es läßt sich sagen, daß das Kerzenanzünden meiner Mutter in einem Zusammenhang mit erfüllten und mit unerfüllten Wünschen stand. Die erfüllten Wünsche waren trivial.

Die unerfüllten Wünsche waren nicht-trivial. Sie liefen sozusagen ins Unendliche, und deshalb waren sie auch unaussprechlich. Ausgesprochen wurde von meiner Mutter lediglich der Wunsch nach einem Haupttreffer. Der Haupttreffer war für meine Mutter der Inbegriff des höchsten irdischen Glücks.

Martin P. Nilsson, dessen zweibändige Geschichte der griechischen Religion als wissenschaftliches Standardwerk gilt, hat die eleusinischen Mysterien in den Rang der «erhabensten Religionsform Griechenlands» erhoben. «Ihre Eigenart», so Nilsson, «war beschlossen in einem tiefinnerlichen, zarten religiösen Gefühl.»

Eine nicht besonders aufschlußreiche Feststellung.

Ein tiefinnerliches und zartes Gefühl als solches braucht man nicht geheimzuhalten; man kann es getrost veröffentlichen, wie Rilke seine Gedichte. So harmlos wie Rilkes Gedichte ist die eleusinische Mystik nicht gewesen. Ihre Gefährlichkeit lag im Auferstehungsglauben. Der mag durchaus zart gewesen sein – denn er war ja damals noch so jung. Auch die (tiefe) Innerlichkeit wollen wir ihm keineswegs absprechen – im Zeitalter des muskelstarken Achill.

Was hätte er draußen anfangen sollen, der neue Auferstehungsglaube, unter den Agamemnons?

So hielt er sich lieber verborgen, der nunmehr humanisierte Glaube an den «Weg nach oben».

Sein Credo auf eine knappe Formel gebracht, könnte wie folgt ausgedrückt werden:

Ich glaube an ein Leben vor dem Tod.

Ihre jahrhundertelange Beharrlichkeit ist bemerkenswert. So weit, so gut, bezüglich zarter Innerlichkeit.

Freilich, einen Vorwurf können wir Nilsson nicht ersparen.

Wie konnte er nur übersehen, daß das sanfte Flüstern der Hoffnung den Schrei nach Freiheit in sich enthält? Hat Nilsson niemals dem Chor der Gefangenen gelauscht, in Beethovens «Fidelio»?

Da singt einer, scheinbar ganz kirchenfromm:

Wir wollen mit Vertrauen auf Gottes Hilfe bauen.

Die Hoffnung flüstert sanft mir zu: Wir werden frei, wir finden Ruh.

Sofort, auf dieses diskrete Signal hin, beginnt ein Pochen in der Musik, ein Drängen, zunächst piano, aber keine Sorge, das schwillt sehr schnell an und wächst und treibt den Chor der Gefangenen an und ist alsbald ein Forte:

Rettung!

Freiheit!

Dann die Dämpfung, aufgrund einer Beachtung der Außenwelt:

Sprecht leise! Haltet euch zurück!

Wir sind belauscht mit Ohr und Blick!

Haltet euch zurück, ihr Mysten von Eleusis.

Sprecht leise.

Ein paar hundert Jahre werdet ihr schon noch warten müssen bis zur Auferstehung, wir sind nicht in der Oper. Der Weg nach oben ist lang und mühsam, und es wird fürchterliche Rückschläge geben. Nach der kurzen Epoche der Demokratie kommen dann neue Könige und Kaiser, weit mächtigere als jemals zuvor, und vorbei wird es sein mit der Volksversammlung, bis auf weiteres.

Christliche Kaiser wird es geben, später wird es den Sultan geben, wir befinden uns bereits in der Neuzeit, wir befreien uns von der Türkenherrschaft, später werden wir von deutschen Truppen besetzt, nochmals Befreiung, dann kommt die Junta und vermietet den Amerikanern den Hafen von Elefsis als Flottenstützpunkt, im Jahr 1972. Im Herbst 1975 müssen die Amerikaner wiederum fort, auf Betreiben der Regierung Karamanlis.

Vom quadratischen Weihetempel, der in die sogenannte mykenische Periode zurückreicht, sind nur noch einige Trümmer vorhanden.

Die richtigen Antworten auf die in Nr. 8 gestellten Fragen lauten somit:

Warum ist in Eleusis die fromme Geheimhaltung entstanden?

Weil die Zustände für die Bauern nicht besonders erfreulich waren.

Was hatte man zu verbergen und vor wem?

Den Auferstehungsglauben vor den aristokratischen Raufbolden.

Wer hatte ein Interesse an Geheimhaltung?

Diejenigen unter den Bauern, die aus der Betäubung und Lethargie jahrhundertelanger Bedrückung erwacht waren.

Sechste Lektion

Das dritte, was die Anfänger lernen müssen, ist ein Mißtrauen gegenüber letzten Wahrheiten

Es könnte sein, daß manche Anfänger beim Durcharbeiten der bisher 10
dargebotenen Lektionen vom Gefühl einer gewissen Ratlosigkeit beschlichen wurden, wegen meines Hin und Her zwischen autobiographischen Notizen, historischen Informationen und theoretischen Überlegungen. Ordnungsliebende Anfänger könnten sich versucht sehen, mir einen prinzipiellen Vorwurf zu machen:

Warum geht der Autor nicht der Reihe nach vor?

Warum schreibt er nicht eine übersichtliche Geschichte der Mystik, beginnend mit den Ekstasetechniken naturvölkischer Zauberer bis zu Jakob Böhme?

Warum schildert der Autor, wenn er meint, es sei notwendig, seine eigenen mystischen Erlebnisse nicht in der zeitlichen Reihenfolge ihres Auftretens und in zusammenhängender Form?

Warum sagt er nicht klar und deutlich, worum es ihm geht und was er mit seinem Buch erreichen will?

Warum hält er sich nicht an die herkömmlichen Regeln für das Abfassen eines Sachbuches?

Warum verwirrt er den Leser?

Mein Freund Wolfgang Haupt, Missionar in Korea, schrieb mir folgende Zeilen auf die erste Seite eines Buches über Zen-Buddhismus:

Was suchst Du?
Das Licht der Erleuchtung?
Wird es aus dem Osten kommen?
Nein.
So wird es aus dem Westen kommen?
Nein.
Wo wirst Du es also suchen?
In mir.
Wirst Du es finden?
Niemals.

Solch verwirrenden Redespiele heißen im Zen:
Koan.

Ein Koan muß man so lange kauen, bis der Zahn, mit dem man kaut, von selber ausfällt.

Mein Buch muß man so lange lesen, bis die Widerstände gegen

meine Verwirrungstechnik verschwinden.

Der hauptsächliche Widerstand, den ich bei den Anfängern überwinden muß, liegt in deren Bedürfnis nach letzten Wahrheiten und ewigen Werten.

Viele Anfänger haben ein gutes Gefühl, wenn sie Sätze der folgenden Art lesen:

Die Natur hat alles sehr weise eingerichtet. Wir leben in einem materialistischen Zeitalter. Ohne Gebet ist unser Leben sinnlos. Freiheit und Menschenwürde werden heutzutage mit Füßen getreten. Im Leben muß man viele Opfer bringen. Alle Neger stinken.

Meine Mutter, Jahrgang 1898, wuchs in den letzten Wahrheiten der österreichisch-ungarischen Monarchie auf. In den Jahren 1914 bis 1918 mußten viele Männer Kriegsdienst leisten, darunter auch der Bruder meiner Mutter, mein Onkel Franz. Für viele Soldaten lautete die letzte Wahrheit:

Für Gott, Kaiser und Vaterland.

Viele dieser Soldaten wurden erschossen, und deshalb war diese Losung für sie die letzte Wahrheit.

Mein Onkel Franz wurde nicht erschossen. Er wurde auch im Zweiten Weltkrieg nicht erschossen. Während des Zweiten Weltkrieges galt die Losung:

Ein Volk, ein Reich, ein Führer.

Viele Menschen waren damals von der Wahrheit dieser Parole überzeugt. Für jene unter ihnen, die während des Krieges erschossen wurden, war sie die letzte Wahrheit.

Meine Mutter war in bezug auf letzte Wahrheiten eher skeptisch. Sie glaubte, wie bereits erwähnt, nicht ans tausendjährige Reich. Die Frage, ob man sich wegen letzter Wahrheiten erschießen lassen soll, würde sie verneint haben.

Diese Frage habe ich meiner Mutter nie gestellt. Ich glaubte nämlich selber an letzte Wahrheiten.

Eine der ewigen Wahrheiten, die ich während meines Theologiestudiums kennenlernte, lautete:

Die göttliche Offenbarung ist mit dem Tod des letzten Apostels abgeschlossen. Das bedeutete, daß Gott nach dem Tod des letzten Apostels keine neuen Offenbarungen mehr geben wollte; mit dem letzten Apostel starb der letzte Mensch, der Jesus Christus persönlich gekannt hatte und der zum Weitersagen der göttlichen Offenbarungen berechtigt war. (Nur die Apostel waren zum Weitersagen der göttlichen Offenbarungen berechtigt.) Nach dem Tod des letzten Apostels gab es niemand mehr auf der Welt, der aufgrund seiner persönlichen Beziehung zu Jesus Christus darüber entscheiden konnte, ob es sich bei einer Wahrheit um eine göttlich geoffenbarte handelte oder nicht.

Ferner lernte ich, daß die durch Jesus Christus verlautbarten Wahrheiten «unüberbietbar» seien. Mit anderen Worten:

Etwas Besseres kommt nicht nach.

Die Gesamtheit der göttlichen Offenbarungen hatte ich mir als «depositum fidei» vorzustellen, als Glaubensdepot. Dieses Depot mußte bewacht werden, damit keine Wahrheiten daraus entwendet werden konnten. Als Priester gehörte ich zur Wachmannschaft. Die zu bewachenden Wahrheiten galten als unveränderlich. Es handelte sich um ewige und letzte Wahrheiten, abgeschlossen mit dem Tod des letzten Apostels.

Wie bewacht man letzte Wahrheiten?

Indem man jede Abweichung von ihnen bei sich selbst und bei anderen unnachsichtig bekämpft.

Von dieser strengen Regel ist nicht einmal die eigene Mutter ausgenommen. Eines Tages zerriß ich daher die Wahrsagekarten meiner Mutter, wie bereits erwähnt.

Ich war damals ein frommer Priesterkandidat.

Hätte mich der Zufall in ein anderes Glaubensdepot verschlagen, dann hätte ich mich nicht durch Frömmigkeit, sondern durch Linientreue auszeichnen müssen. Oder durch besondere Zuverlässigkeit im Dienst.

Das Glaubensdepot, in dem ich meinen Dienst verrichtete, war mustergültig geordnet. Alle vorhandenen Glaubenswahrheiten waren als solche seit langer Zeit registriert, in eine Reihenfolge gebracht und untereinander in Beziehung gesetzt. Das Glaubensdepot besaß jene Eigenschaften, die manche Anfänger in meinem Buch vielleicht vermissen. Es hatte System.

Das Glaubensdepot befand sich in meinem Kopf.

Dorthin war es im Lauf meiner theologischen Studien gekommen, durch die Bemühungen meiner Lehrer. Jeder Lehrer der Theologie hatte ebenfalls ein Glaubensdepot in seinem Kopf. Diese Glaubensdepots waren sozusagen gleichgeschaltet. Die Glaubenswächter konnten sich daher mühelos untereinander über Glaubensfragen verständigen. Sie befanden sich gewissermaßen auf derselben Wellenlänge. Die Wellenlänge wurde gelegentlich nachgeprüft.

Kurz vor meiner Promotion zum Doktor der Theologie im Jahr 1954 wurde ich zu einem alten Prälaten vorgeladen. Er hieß Wagner, war klein, dick und ein wenig asthmatisch, hatte Hausschuhe an und war befugt, mein Glaubensbekenntnis anläßlich meiner bevorstehenden Promotion zum Doktor der Theologie entgegenzunehmen. Er wies mich freundlich zu einem Betschemel, auf diesem lag das gedruckte Glaubensbekenntnis. Der Prälat Wagner zündete zwei Kerzen an und ging aus dem Zimmer. Ich kniete auf dem Betschemel nieder. Beim Verlassen des Zimmers sagte der alte Prälat:

Fangens bitte inzwischen an.

Das Glaubensbekenntnis war in lateinischer Sprache abgefaßt und hieß «Schwur gegen die Irrtümer des Modernismus». Es stammte aus dem Jahr 1910 und begann mit der Feststellung:

Ich umarme fest und nehme an alles und jedes, was vom irrtumslosen Lehramt der Kirche definiert worden ist.

Der Schwur umfaßte mehrere gedruckte Seiten.

Ich las ihn laut vor. Niemand hörte zu.

Gegen Ende kam der Prälat Wagner wieder ins Zimmer.

Immer habe ich mir vorgestellt, daß er während seiner Abwesenheit eine Buttersemmel gegessen hat.

Vor den Fenstern des Prälatenzimmers befand sich der Wiener Stephansdom. Er befindet sich noch immer dort.

11 Ich stelle mir vor, daß sich die Glaubenswächter (in den Großkirchen, den politischen Parteien, den Militärverwaltungen usw.) so benehmen, als ob sie eine kleine Antenne in ihr Gehirn eingepflanzt bekommen hätten. Über die Antenne kommen die Glaubensbefehle. Immer dann, wenn ein Glaubenswächter sich versucht sieht, von der Parteilinie (Rechtgläubigkeit, militärischen Disziplin usw.) abzuweichen, erhält er durch die Antenne einen Schmerzimpuls.

Wer die Glaubensbefehle aussendet, weiß man nicht.

Einmal, im November 1956, traf ich einen Glaubenswächter auf der Wiener Kärntnerstraße. Es handelte sich um Prof. Loidl, einen meiner Lehrer. Prof. Loidl unterrichtete Kirchengeschichte an der Universität, und ich hatte seine Vorlesungen gehört. Als Prof. Loidl hörte, daß ich das Studium der Philosophie begonnen hätte, sagte er zu mir:

Daß Sie nur nicht überschnappen oder häretisch werden!

(Überschnappen ist ein österreichischer Ausdruck für Verrücktwerden.) Diese Warnung verursachte in mir eine kaum merkliche Angst. Ich wollte damals weder überschnappen noch häretisch werden.

Überschnappen möchte ich auch heute nicht. Vor dem Häretischwerden habe ich keine Angst mehr. Ich bin es längst geworden und fühle mich ganz wohl dabei.

Ein Häretiker ist ein Irrlehrer. Viele Mystiker waren ebenfalls Irrlehrer. Sie haben letzte Wahrheiten bezweifelt, ihre Zweifel haben ihnen Schmerz bereitet und meist auch Unannehmlichkeiten. Manche Mystiker sind von den Glaubenswächtern getötet worden.

Ich stelle mir vor, daß Prof. Loidl einen kleinen Sender in der rechten Hosentasche hat. Nachdem er gehört hat, daß ich Philosophie studiere, läßt er seine rechte Hand in der Hosentasche verschwinden. Er drückt einen Knopf, und sofort spüre ich einen leichten Schmerz im Kopf.

Auf Wiedersehen, sagte Prof. Loidl und gab mir die Hand. Er ging weiter, Richtung Stephansdom.

Ich schrieb in mein Tagebuch:

Wie werde ich das alles aushalten?

Niemand hatte mich aufgefordert, das Studium der Philosophie aufzunehmen. In meinem Tagebuch findet sich kein Hinweis auf meine Beweggründe zu diesem Entschluß. Lediglich zwei Eintragungen aus dieser Zeit scheinen erwähnenswert:

«Ich habe eine Zigarre geraucht.»

«Die Manneskraft wird stärker.»

Heute würde ich sagen, daß damals meine Revolte gegen die letzten Wahrheiten begonnen hat. Prof. Loidl hatte für diese Entwicklung ein feines Gespür, wie alle Glaubenswächter, und warnte mich. Er erkannte meine Anlagen zum Ketzer.

Meine mystische Ader als solche ist nie zum Gegenstand der Besorgnis von seiten der Glaubenswächter geworden. Mystik ohne ketzerischen Einschlag ist so ungefährlich wie die Gedichte von Rilke.

12

Eine für die Anfänger wichtige Unterscheidung ist die zwischen Glaubenswächtern und Laien. Die Mystik ist nämlich eine Laienangelegenheit; nur in seltenen Fällen haben sich Glaubenswächter mystisch betätigt, wobei dann entweder das Wächteramt oder die Mystik zu kurz gekommen ist. Ein berühmter Mystiker aus dem Mittelalter, Meister Eckehart, gehörte als Dominikanermönch zu den Glaubenswächtern. Aber seine mystische Ader war stärker als seine Begabung zum Glaubenswächter, und so geriet er in den Verdacht des Häretischseins. Zu seinem Glück starb er vor seiner offiziellen Verurteilung eines natürlichen Todes.

Für die Glaubenswächter stellt die Mystik nicht selten eine Geschäftsstörung dar. Sobald nämlich von seiten der Mystik eine direkte Beziehung zwischen Gott und der Seele hergestellt wird, ohne Vermittlungstätigkeit der amtlichen Gnadenverwaltungen, müssen sich die Glaubensverwalter zur Wehr setzen. Sie sagen dann zum Beispiel:

Außerhalb der Kirche gibt es kein Heil!

Und so weiter.

Viele hundert Jahre lang haben sich die Ketzer gegen die Bevormundung durch die Glaubenswächter gewehrt, und viele von ihnen wurden deshalb getötet.

Seit ich selbst kein Glaubenswächter mehr bin, interessiere ich mich mehr für die Ketzer als für die Glaubenswächter.

Meine Laufbahn als Glaubenswächter wurde im Jahr 1973 beendet durch die für mich zuständige Kirchenbehörde. Letztere hat mir die kirchliche Lehrbefugnis entzogen, und seither gehöre ich zu den

Unbefugten. In meinem Buch *Tod und Teufel* schrieb ich den Satz: «Mit sehr viel Glück findet sich der eine oder andere Befugte gelegentlich bei den Unbefugten wieder.» Das Buch erschien Anfang Mai 1973. Einen Monat später erhielt ich die amtliche Benachrichtigung über den Entzug der kirchlichen Lehrbefugnis.

Weil ich selber 20 Jahre lang ein Glaubenswächter war, habe ich ein gewisses Verständnis für die Probleme von Glaubenswächtern. Ich stelle mir die kleinen Antennen in den Köpfen der Glaubenswächter vor und bin froh darüber, daß meine Antenne fast keine Signale mehr sendet.

Die meisten Anfänger gehören irgendeiner Glaubensgemeinschaft an, und deshalb ist die Frage nach ihrer Einstellung zu den Glaubenswächtern nicht ganz unwichtig. Die Skala der in den Industriegesellschaften vorhandenen Einstellungen zu den Glaubenswächtern reicht von scharfer Ablehnung bis zu blinder Ergebenheit. In der Skalenmitte befindet sich die Gleichgültigkeit. Sie dürfte am häufigsten vorhanden sein. Die Art der Einstellung hängt mit dem Grad der Beeinflussung durch die Glaubenswächter zusammen. Wer einer starken erzieherischen Beeinflussung durch die Glaubenswächter ausgesetzt war, neigt zu extremen Einstellungen, sei es in positiv zustimmender oder negativ ablehnender Weise.

Die Einstellung zu den Glaubenswächtern kann sich im Lauf der Zeit sehr wohl ändern. Als ich 20 Jahre alt war, befand ich mich im Zustand der Fügsamkeit gegenüber den Glaubenswächtern. Mit 40 revoltierte ich gegen sie. Heute würde ich meine Einstellung zu den Glaubenswächtern als kritische Distanziertheit beschreiben.

Meinem Schulfreund Fedor ist es ähnlich ergangen. Er hat in einem anderen Glaubensdepot gearbeitet, in dem der kommunistischen Partei. Als die Sowjetunion im Jahre 1968 in die Tschechoslowakei einmarschierte, verließ er die Partei.

Mein Rat für die Anfänger:

Fügsamkeit gegenüber Glaubenswächtern ist für die Mystik schädlich.

Siebte Lektion

Das vierte, was die Anfänger verlernen müssen, ist die Neigung zur Idealisierung der Vergangenheit

Die Anfänger erinnern sich vielleicht noch an die Frage (oben Nr. 6): 13
Was fängt ein junger Mann mit antiken Geheimgefühlen an? Der junge Mann war ich.

Für meine antiken Gefühle hatte ich nach dem Verlassen des Priesterseminars wenig Zeit. Als Kaplan und Religionslehrer hatte ich einen 14-Stunden-Tag, sechsmal in der Woche. Um ein virtuoser Mystiker zu werden, braucht man Muße, und die hatte ich nicht.

Es blieb mir die Erinnerung an die nächtlichen Betrachtungsstunden in der Seminarkapelle. Sehnsucht, Wehmut und ein vorwurfsvolles Gefühl mischten sich in dieser Erinnerung – als ob ich eine Geliebte verlassen hätte. Ich dachte:

Damals war ich noch fromm.

Solche Gedanken waren ohne nennenswerte Konsequenz für meinen Alltag. Es handelte sich sozusagen um Luxusgefühle, bezogen auf meine eigene Vergangenheit, verbunden mit der vagen Trauer wie um einen erlittenen Verlust.

Hätte ich 150 Jahre früher gelebt, dann wären meine Wehmutsgefühle weitaus bedeutender gewesen. Sie hätten einer Gefühlsmode unter den damaligen Aristokraten und gebildeten Bürgerschichten entsprochen. Als verhinderter Mystiker hätte ich in den Salons der romantischen Ära eine gute Figur gemacht.

Mancher empfindsamen Dame hätte ich den mitfühlenden Seufzer entlockt: Ach, Sie Ärmster!

Und früher oder später hätte ich sicher den Rat erhalten:

Sie müssen unbedingt den Böhme lesen!

In den romantischen Salons waren die Schriften des Jakob Böhme (1575–1624) eine Pflichtlektüre.

Böhme war einer der letzten prominenten Mystiker im christlichen Abendland, und seine Schriften wurden auch in Holland, England und Frankreich gelesen – meist von jenen, die für die bestehenden Verhältnisse und gegen die Revolution waren. (William Blake gehört zu den Ausnahmen.) Die Revolution passierte trotzdem, zunächst einmal in Frankreich.

In Deutschland und Österreich passierte die Romantik, in den gebildeten Kreisen. In den Kriegsjahren zwischen 1792 und 1815 schwärmte man in den deutschen Provinzstädten für die Mystik.

Am 2. Dezember 1798 schrieb Friedrich Schlegel in einem Brief an Novalis: «Tieck studiert den Jakob Böhme mit großer Liebe. Er ist da gewiß auf dem rechten Wege.»

Napoleon befand sich zu dieser Zeit in Ägypten.

Kurz nach dem Staatsstreich Napoleons im November 1799 begann sich Novalis in die Werke Böhmes zu vertiefen. So geriet die Mystik unterm Kanonendonner des revolutionären Zeitalters in die gehobene Literatur, und dort hält sie sich bis heute gar nicht ungern auf.

Tieck befand sich, wie wir soeben vernommen haben, mit seinen Böhme-Studien auf dem rechten Wege. Auf diesem Wege zogen viele Mystikliebhaber dahin, deutsche Pietisten und französische Quietisten, Rosenkreuzer und Swedenborgianer.

Der linke Weg wurde von diesen «Stillen im Lande» (so nannte man sie damals) nicht betreten.

Die revolutionäre Mystik befand sich, mit dem Ende der Bauernkriege und der rebellischen Wiedertäuferei, auf dem weltgeschichtlichen Friedhof. Seit dem Ende des 16. Jahrhunderts liegt sie dort. Ob sie wohl von den Toten auferstehen wird?

Der gute alte Lavater (Johann Caspar, 1741–1801), hochberühmter Pfarrer an der Zürcher Peterskirche und Bahnbrecher der rechten Innerlichkeit, hätte diese Frage entrüstet verneint. Für ihn war die Religion die einzig wirksame Arznei gegen die Revolution. In den Kreisen der Mystikliebhaber, Okkultisten und Theosophen von damals war die Auffassung verbreitet. Man befand sich diesbezüglich, in den gehobenen Kreisen und unter dem Eindruck der Revolutionsarmeen, gewiß auf dem rechten Wege.

Diese Marschrichtung hat sich bis heute nicht geändert.

Was also fängt ein junger Mann mit antiken Geheimgefühlen an?

Man könnte ihm vorschlagen, Metaphysik zu studieren.

Eben dies habe ich getan. Zwischen der rechten Metaphysik und der rechten Mystik gibt es mannigfache Beziehungen, und mit einigem Geschick hätte ich der Gefahr des Häretischwerdens ausweichen können. Vielleicht hätte ich es, wie der Freiherr Johann Joseph von Görres (1776–1848), zu einer Lehrkanzel gebracht.

Görres gilt als einer der geistigen Väter des gemäßigten Konservativismus der katholischen Zentrumspartei Deutschlands. Ihm verdanken wir die erste ausführliche Geschichte der christlichen Mystik in deutscher Sprache.

Görres schrieb seine vierbändige «Christliche Mystik» als eine Art geistiges Testament, am Ende seines Lebens. Als Görres geboren wurde, war der Gebrauch des Hauptwortes «Mystik» so gut wie unbekannt. (Der früheste wortgeschichtliche Nachweis darf um 1760 angesetzt werden.)

Die Anfänger werden gebeten, an dieser Stelle meiner Ausführungen das Wort «Mystik» langsam und andächtig auszusprechen. Es ist 200 Jahre alt. Name und Begriff entstammen der Romantik. Vorher gab es – seit den Zeiten Jakob Böhmes – den Gebrauch des Eigenschaftswortes «mystisch», als Übersetzung des lateinischen «mysticus».

Diese bescheidene Information habe ich in keiner Abhandlung der Mystikspezialisten finden können. Sie alle tun so, als ob «die Mystik» menschheitsalt wäre.

In Wirklichkeit ist sie die mehr oder weniger schwärmerische Aneignung antiker und mittelalterlicher Geheimgefühle von seiten romantischer Literaten und Gelehrter.

Daß meine Mystik unromantisch ist, habe ich bereits in der Einleitung angedeutet.

Es wird höchste Zeit, daß ich den Anfängern die 14

ERSTE PRAKTISCHE ÜBUNG

empfehle. Sie ist leicht und kann in zwei bis drei Stunden absolviert werden – vorausgesetzt, man wohnt nicht allzu weit entfernt von einigen größeren Buchhandlungen. Berufstätige Anfänger werden für die Übung einen Samstagvormittag wählen, gelegentlich eines Stadtbummels. Jene Anfänger, die in ihrer Zeiteinteilung beweglicher sind (z. B. Hausfrauen, Schüler, Pensionäre), meiden tunlichst jene Zeiten, in denen die Buchhändler viel zu tun haben. Je leerer die Buchhandlung, desto besser die Voraussetzungen für die Übung. Alle Anfänger sollen wissen, daß die ungünstigste Zeit für unsere Übung die letzten 14 Tage vor Weihnachten sind. Wärend der Zeit des sogenannten Weihnachtsgeschäfts haben die Buchhändler meist viel zu tun und sind dann als notwendige Gesprächspartner weniger gut disponiert als beispielsweise im Hochsommer. Ein heißer Augustnachmittag oder ein trüber Februarvormittag sind für die Durchführung der Übung geradezu optimal.

Der Zweck der Übung besteht darin, den Anfängern eine grobe Orientierung über die Marktlage der mystischen Geisteswelt zu verschaffen.

Die Übung wird folgendermaßen durchgeführt:

Man betritt eine größere Buchhandlung, wendet sich an einen Verkäufer (eine Verkäuferin) und fragt:

Könnten Sie mir etwas über Mystik empfehlen?

Diese Frage wiederhole man in zwei oder drei anderen großen Buchhandlungen.

Wichtig ist, allen Gegenfragen des Verkaufspersonals auszuweichen. Wenn beispielsweise gefragt werden sollte, ob man sich für ein bestimmtes Gebiet der Mystik besonders interessiere, dann sage man:

Ich interessiere mich für alles, was irgendwie zur Mystik gehört.

Je unbestimmter die Anfänger ihre Wünsche formulieren, desto besser. Sollte der Buchhändler von sich aus bestimmte Sachgebiete zur Auswahl vorschlagen, dann zeige man sich mit allem einverstanden. Es kommt nämlich ausschließlich darauf an, die spontanen Assoziationen des Verkaufspersonals zum Wortsignal «Mystik» kennenzulernen. Sehr gut fährt man mit einem leicht gedehnt und fragend gesprochenen: Aha?

Nach dem Verlassen der Buchhandlung oder auch während des Besuches derselben notiere man sich alle Titel der vorgelegten oder empfohlenen Bücher. Auch die allfälligen Suchfragen seitens des Verkaufspersonals schreibe man sich auf.

Man braucht nichts zu kaufen.

Dann sortiere man das Material. Aller Wahrscheinlichkeit nach wird man ein kunterbuntes Gemisch aus Astrologie, Franz von Assisi, Teufelsglaube, fliegenden Untertassen, Okkultismus usw. vor sich haben.

Eine «Wunderwelt an den Grenzen unseres Wissens» – wie der Untertitel einer einschlägigen Zeitschrift lautet.

Aus derselben Zeitschrift (*Esotera*, Juni 1975) sei eine Kleinanzeige aus der Rubrik «Bekanntschaften» zitiert:

«Bin 32 J., schl., romantisch. Interessen: Reisen, Lesen, Buddhismus, Meditation, wünsche gleichgesinnten Geistfreund kennenzulernen zwecks gem. geist. Höherentwicklg. d. Yoga. Alter unwichtig. Garten erwünscht. Frdl. Zuschr. unter . . . an die Redakt.»

Zum Abschluß der Übung sei empfohlen, sich in die schlanke, romantische Anfängerin ein wenig hineinzudenken. Welche Art von Beruf sie wohl ausüben mag? Wie sie die Abende und die Wochenenden verbringt. Warum sie Sehnsucht nach einem Garten hat. Weshalb ihr das Alter des gesuchten Geistfreundes gleichgültig ist. Warum sie nicht einfach schreibt: Ich bin so allein.

15 Hier ist meine Interpretation der soeben zitierten Suchanzeige:

Die schlanke Romantikerin wehrt sich mit ihren Interessen (Reisen, Lesen, Buddhismus, Meditation) gegen die sachliche Eintönigkeit ihrer trivialen Lebensumstände. Sie sucht eine Außeralltäglichkeit – in fremden Ländern, ungewöhnlichen Seelenzuständen, neuen Gefühlen. Ihre Wertschätzung des Geistigen («geistige Höherentwicklung», «Geistfreund») deutet auf eine enttäuschte Sinnlichkeit. Letztere regt sich im Wunsch nach einem Garten, nach kultivierter Natur; Blumen und Bäume werden ihr nicht weh tun können. Dort möchte sie sein, entzogen dem aggressiven Wettbewerb der Arbeitswelt und Liebesleistung, an der Seite eines freundlichen Herrn, der darf älter sein als sie selbst.

In der nonnenhaften Gedämpftheit dieser Wunschinhalte ist das Bedürfnis nach Ruhe, Einkehr, Statik unüberhörbar. Die Motorik, sublimiert genug, meldet sich in der Reiselust und im Hinaufwollen der «Höherentwicklung».

Daß unsere Romantikerin tagsüber an einem Fließband arbeitet, ist unwahrscheinlich. Eher darf man in ihr eine Arztgehilfin, Lehrerin, Sekretärin, Telefonistin vermuten. Es ist anzunehmen, daß sie politisch enthaltsam ist und bei Wahlen konservative oder liberale Parteien bevorzugt.

Ich kann mir kaum vorstellen, daß sie am Badestrand einen Bikini trägt. Sie gehört zu den Stillen im Lande.

Die Anfänger mögen sich fragen:

Kann ihr geholfen werden?

Ich habe die schlanke Romantikerin erstens deshalb herausgegriffen, 16
weil sie unter den Anfängern durchaus kein Einzelfall ist. An ihr und an ihrer Lage läßt sich manches verdeutlichen, was nicht nur für sie von Belang ist.

Zweitens wurde sie von mir zitiert, weil sie für mich ein Problem darstellt.

Nehmen wir an, sie findet keinen gleichgesinnten Geistfreund und bleibt mit dem Buddhismus usw. allein.

Helfe ich ihr mit meinem Unterrichtsprogramm, wie es in der ersten Lektion erläutert wurde? Raube ich ihr nicht auch noch jene Illusionen, ohne die sie vielleicht nicht leben kann?

Nützt es ihr, wenn ich ihr erkläre, daß ihre Gefühle keine Originalgefühle sind, sondern Gefühle aus zweiter, dritter oder vierter Hand, übertragene Gefühle sozusagen, Romanhaftigkeiten, Versatzstücke aus der kulturellen Pfandleihe, Antiquitäten aus der romantischen Ära? Mache ich ihr Leben durch solche Hinweise erträglicher?

Eines ist sicher: Mein Buch kann ihr weder den Geistfreund noch den erwünschten Garten ersetzen.

Aber vielleicht macht ihr die Art meines Schreibens dazu Mut, die interessierten Blicke eines (vielleicht gleichgesinnten und daher schüchternen) Herrn während eines Vortrags über Telepathie mutiger zu erwidern, als sie es gewohnt ist. Vielleicht faßt dann der betreffende Herr sich ein Herz und spricht sie an nach dem Vortrag und sie wendet sich nicht ab und geht mit dem Herrn ein Glas Wein trinken und trifft sich in der Folge öfter mit ihm.

Vielleicht hat der betreffende Herr sogar einen schönen Garten.

Wenn dann die beiden im Garten sitzen und der betreffende Herr greift das erste Mal schüchtern nach der Hand der Romantikerin, dann kommt für einen Augenblick meine Mystik ins Spiel.

Für telepathische Phänomene und sonstige Wunderwelten an den

Grenzen unseres Wissens besteht dann bis auf weiteres kein gesteigerter Bedarf; sie sind dann – allenfalls – Gesprächsgegenstände zwischen der Romantikerin und dem gleichgesinnten Herrn. Nicht aber Ersatz für ein nicht gelebtes Leben.

17 Daß im Kopf der schlanken Geistfreundin auch Fernöstliches (Buddhismus, Yoga, Meditation) anzutreffen ist, als kulturelles Interesse, verdankt sie der Romantik. Ihr Entschluß, sich in der Suchanzeige als «romantisch» zu bezeichnen, ist berechtigt.

Religions- und Mythengeschichte, als wissenschaftliche Disziplinen, wurden (neben der Germanistik, der Literaturwissenschaft, der Rechtsgeschichte, der Romanistik und der Volkskunde) in der Romantik begründet. Diese Information kann man jedem Konversationslexikon entnehmen, unter dem Stichwort «Romantik».

In meinem Konversationslexikon (Brockhaus) findet sich ein nützlicher Hinweis auf die Seelenverfassung jener gelehrten Männer, deren Forschungen den Buddhismus in die bürgerlichen Haushalte brachten (neben den Volksmärchen der Gebrüder Grimm, der Übersetzungen Shakespeares, den Reiseführern für die Flitterwochen in Venedig). Der nützliche Hinweis lautet folgendermaßen:

«Ihr sensibles Einfühlungsvermögen sowie das Ungenügen an der Gegenwart verwies sie in die Geschichte und ließ sie das Vollkommene nicht in der Zukunft, sondern in einer poetisch verklärten Vergangenheit suchen.»

Der Baustil jener Ära war – neben anderen Nachempfindungen alter Stilformen – die Neu-Gotik.

Der Präfekt von Paris, Graf Rambuteau, ließ Anfang 1845 den Baumeister Franz Christian Gau kommen und lud ihn ein, im Viertel zwischen dem Boulevard St. Germain und dem Hotel des Invalides eine neue Kirche zu bauen.

«Aber etwas anderes als Griechisch oder Römisch», sagte der Graf.

Die Antwort des Architekten: «Ich bin entzückt, Herr Präfekt, von unserer Übereinstimmung. Ich möchte auf der Place Bellechasse eine gotische Kirche bauen.»

Der Präfekt war einverstanden, und am 30. November 1857 wurde die Kirche auf den Namen der heiligen Clothilde geweiht. Die Académie Française hatte gegen die Verwendung des gotischen Stils scharf (und vergeblich) in einem langen Gutachten protestiert. Dessen Verfasser, Désiré Raoul-Rochette (Literat und Archäologe), hielt den Bewunderern der Gotik entgegen, daß diese Baukunst nicht mehr den wissenschaftlichen Grundsätzen der modernen Architektur entspräche. Diejenigen, so der Gutachter, die sich in den gotischen Kirchen «von frommer Träumerei und einer mystischen Verfassung» ergreifen ließen, sollten nicht vergessen, daß ein modernes öffentliches Gebäude zuerst einmal «solide» zu sein habe.

Moderne Bauwissenschaft gegen romantische Träumerei.

Mystische Gefühle gehören, nach Ansicht der Académie Française, in die original gotischen Kirchen.

Ein bedenkenswerter Standpunkt.

Im Jahr 1845, in der Architektur-Ära des sogenannten Historismus, hat er sich nicht durchzusetzen vermocht. Heute, im Zeitalter des Betons und der Sachlichkeit, hat die Auffassung der Académie gesiegt. Neugotische Kirchen werden nicht mehr gebaut.

Dem Historismus der Baukunst entsprach das Interesse der romantischen «Geisteswissenschaften» (der Ausdruck entstammt ebenfalls jener Zeit) für allerlei Altes und Fernes. Man übersetzte Sanskrittexte, Hieroglyphen und germanische Altertümer. In der ersten Begeisterung überschritt mancher Gelehrte die Grenzen zur Poesie; die Schriftsteller begannen historische Romane zu schreiben.

So ist das entstanden, was die Anfänger auf ihren Zettelchen finden, wenn sie die erste praktische Übung absolviert haben: ein reicher Schatz von mehr oder weniger poetisch verklärten Vergangenheiten, quer durch Zeiten und Räume. Pharaonen und Alchimisten, Päpste und Tempeldirnen, afrikanische Zauberer und römische Staatsmänner, Mönche und Zigeuner, dieses und jenes, alles und nichts.

Nach 1830 begann sich das Lesepublikum rapide zu vermehren. Konversationslexika, Zeitschriften und Zeitungen wurden in rasch steigenden Auflagenhöhen verbreitet und zielten nicht mehr, wie noch am Beginn des Jahrhunderts, in das Spannungsfeld zwischen Hof und höherem Bildungsbürgertum. Vielmehr richtete sich das Gedruckte zunehmend an alle Bürger, und die staatliche Zensur kam dagegen nicht an.

Die Haltung, die der Leser gegenüber dem Vergangenheitsfundus einzunehmen lernte, wurde «Interesse» genannt. Die Kategorie des Interessanten stammt aus dem 19. Jahrhundert. Daß jemand, wie unsere schlanke Romantikerin, überhaupt «Interessen» hat, ist der Romantik zu verdanken.

So entstand ein neuer Typ Mensch, den hatte es in dieser Auflagenhöhe und Qualität noch nie gegeben. Wir nennen ihn: Den Kulturmenschen.

Er sitzt in Konzerten, besichtigt Ausstellungen und Museen, geht mit dem Reiseführer in der Hand durch fremde Städte. (Auch der Reiseverkehr ist ein Kind des 19. Jhdts.)

Die Anfänger sollen wissen, daß sie Kulturmenschen sind, daß ihr Interesse für «die Mystik» ein Kulturprodukt des 19. Jahrhunderts ist, wie die Denkmalpflege und die Eisenbahn. Meine Mutter war auch ein Kulturmensch, sie ist in Konzerte und in die Oper gegangen, und –

einmal in ihrem Leben – hat sie eine zehntägige Italienreise gemacht (Rom, Padua, Venedig). Das war 1950, und ein Foto von damals zeigt sie auf dem Markusplatz, mit vergnügtem Gesichtsausdruck. Sie hat einen Feldstecher um den Hals und schaut munter in die Welt. Das Foto hat mein Onkel Franz gemacht. Die beiden sind mit einem Pilgerzug gereist, und sie haben jeden Tag genossen. Vom vielen Herumgehen taten meiner Mutter abends die Füße weh, und dann verschaffte sie ihnen Erleichterung durch ein Bad in kaltem Wasser.

Was meiner Mutter abging, war der Sinn für Romantik.

Ich halte das für keinen schweren Fehler.

Achte Lektion

Das vierte, was die Anfänger lernen müssen, ist der fachmännische Umgang mit Seelenarzneien

Herr O., aus meinem Bekanntenkreis, ist 27 Jahre alt, ledig, Ange- 18
stellter mit abgeschlossener Grundschulbildung und absolvierter kaufmännischer Lehre. Bislang ist es ihm noch niemals geglückt, eine Frau zu erobern – nicht einmal gegen Bezahlung. Umgangssprachlich würde man Herrn O. als Neurotiker bezeichnen. Herr O. nimmt seit einiger Zeit eine psychotherapeutische Behandlung in Anspruch. Er ist überdurchschnittlich intelligent und liest gern in psychologischen, philosophischen und theologischen Büchern.

Herr O. leidet ferner unter einer zwanghaften Höllenangst.

Die Vorstellung, nach seinem Tod von einem zornigen Gott auf ewig in die Hölle verstoßen zu werden, leistet im Falle des Herrn O. allen vernünftigen Argumenten erfolgreich Widerstand. Auch meine Argumente gegen die Höllenangst blieben Herrn O. gegenüber ohne nennenswerte Wirkung, zu unser beider Bedauern.

Als Herr O. sich einer Blinddarmoperation unterziehen mußte, wurde seine Höllenangst stärker als sonst. Er besuchte mich einige Male, und wir suchten gemeinsam nach Mitteln und Wegen, seine Ängste zu mindern.

Einige Tage vor dem Eingriff gelang Herrn O. eine Selbstüberlistung. Er hatte, wie er mir erzählte, unter seinen Büchern nach einer geeigneten Beruhigungslektüre gesucht. Herr O. sagte:

Ich lese jetzt ein Buch von Teilhard de Chardin, und es beruhigt mich sehr.

Als Herr O. diese Feststellung machte, hatte sein Gesicht einen ausgesprochen listigen Ausdruck.

Der listige Ausdruck auf dem Gesicht des Herrn O. darf einer nicht unwichtigen Einsicht zugeschrieben werden. Herr O. wußte, daß er sich ein mildes Opiat verschrieben hatte.

Daß Seelenarzneien gar nicht so selten eine Art geistiges Opium enthalten, hat sich seit dem berühmten Satz von Karl Marx ziemlich herumgesprochen. Der Satz lautet:

Die Religion ist das Opium des Volks.

Wie an dem Beispiel des Herrn O. ersichtlich ist, kann es Situationen geben, die nach einer Seelenarznei mit einer leichten Dosis Opium verlangen. Solange der Patient hiervon Kenntnis hat, wird man gegen die Verabreichung der Medizin keine schwerwiegenden

Einwände vorbringen können.

Herr O. besaß diese Kenntnis.

Leider besteht der Verdacht, daß gar nicht so wenige Anfänger viel geistiges Opium schlucken, ohne es als solches zu erkennen. Unterhaltungsindustrien, kirchliche Gnadenanstalten, Werbeunternehmen und Freizeitbetriebe profitieren von dieser Unwissenheit.

Hätte Herr O. seine Bedürftigkeit nach einer milden Dosis Opium nicht durchschaut, dann hätte sein Gesicht vielleicht jenen leicht fanatischen, feierlichen und ein wenig blöden Ausdruck angenommen, den man an überzeugungsstarken Menschen gelegentlich beobachten kann. Herr O. hätte in diesem Fall vielleicht gesagt:

Was für ein großartiger Denker Teilhard doch ist!

Er hätte damit gegen die erste Lektion verstoßen.

So aber hat sich Herr O. nicht nur im Sinne der ersten, sondern auch der sechsten Lektion (Mißtrauen gegen letzte Wahrheiten) verhalten. Ferner entspricht seine Einstellung dem unter Nr. 5 (bezüglich der Mystifikationen) Gesagten recht gut.

Mit Herrn O. dürfen wir zufrieden sein.

Anfänger sind manchmal klüger als sie ahnen.

Die Blinddarmoperation verlief für Herrn O. übrigens zufriedenstellend. Das Buch von Teilhard de Chardin wanderte in das Regal zurück. Herr O. bedurfte seiner nicht mehr, bis auf weiteres.

19 Hier ist ein kleiner Test für die Anfänger, zum Zwecke einer oberflächlichen Selbstbeurteilung im Hinblick auf die Hinneigung zu Seelenarzneien.

Vorgegeben werden zwei Sätze. Sie stammen aus den Evangelien und werden als Äußerungen des Jesus Christus überliefert. Neben den Sätzen sind jeweils drei Bewertungsmöglichkeiten zur Wahl gestellt. Man kreuze jenes Kästchen an, das der eigenen Meinung am ehesten entspricht. (Achtung: In jeder der beiden Rubriken nur jeweils ein Kästchen ankreuzen!)

«Ich bin der Weg, die Wahrheit und das Leben.»	Gefällt mir	☐ (1)
	Bedeutet mir nichts	☐ (2)
	Lehne ich ab	☐ (3)
«Kommt alle zu mir, die ihr mühselig und beladen seid, und ich will euch erquicken.»	Gefällt mir	☐ (6)
	Bedeutet mir nichts	☐ (5)
	Lehne ich ab	☐ (4)

Nun addiere man die beiden Punktzahlen, die neben den angekreuzten Kästchen stehen. (Zum Beispiel: Wer beim ersten Satz «gefällt mir» und beim zweiten Satz, «bedeutet mir nichts» angekreuzt hat, erhält 1 + 5 = 6 Punkte).

9 Punkte: Sie haben die Absicht des Verfassers verstanden und im Sinne von Lektion 6 (Mißtrauen gegen letzte Wahrheiten) entschieden. Ihre Kritikfähigkeit harmoniert mit Ihrer Bereitschaft, sich helfen zu lassen. Ihre Einstellung zu Jesus Christus ist freundlich, obzwar Sie gerne Ihre Unabhängigkeit wahren möchten. Hoffentlich haben Sie nicht geschwindelt.

8 Punkte: Auch Sie haben im Sinn der Lektion 6 entschieden. Ihre Kritikfähigkeit ist zufriedenstellend, und es besteht keine besondere Gefahr der Abhängigkeit von drogenhaltigen Seelenarzneien.

7 Punkte: Der Unterschied zwischen den Bedeutungen der beiden Sätze ist für Sie uninteressant. Sie sind resolut und haben gern klare Verhältnisse. Achten Sie darauf, ob Sie zur Rechthaberei neigen.

6 Punkte: Daß Sie Jesus Christus nicht als Seelenarzt anerkennen, muß nicht unbedingt ein Fehler sein. Überprüfen Sie bitte Ihre Einstellung zur männlichen Autorität. Dieser Punkt könnte Ihnen gefährlich werden.

5 Punkte: Aber, aber! Arbeiten Sie bitte nochmals die Lektionen 1, 4 und 6 durch! Haben Sie schon darüber nachgedacht, ob Sie während der Hitler-Zeit vielleicht ganz gern bei der SS gedient hätten? Hoffentlich befinden Sie sich in keiner Position, in der Sie Untergebene unter sich haben. Sollten Sie einen Revolver besitzen, dann trennen Sie sich bitte sofort von dieser Waffe! Vielleicht hilft Ihnen Musik.

Für die Einstellung von Herrn O. zu dem Buch von Teilhard de 20
Chardin gibt es einen philosophischen Fachausdruck:

Relativierung.

Der Ausdruck geht auf das lateinische Wort relatio = Beziehung zurück. «Relativ» bedeutet demgemäß: bezogen, bezüglich; verhältnismäßig, abhängig von anderen, bedingt; vergleichsweise. Der gegensätzliche Ausdruck zu «relativ» lautet: «absolut.» Auch dieses Wort kommt aus dem Lateinischen und bedeutet soviel wie abgelöst, für sich betrachtet, unabhängig, vollkommen.

Das Gegensatzpaar «relativ–absolut» findet sich seit dem 16. Jahrhundert in den wichtigeren europäischen Landessprachen. Im 17. und im 18. Jahrhundert wurde das Hauptwort «Absolutismus» zur Bezeichnung der auf dem europäischen Festland herrschenden Regierungsform verwendet. (In ihr hatte der Monarch die unbeschränkte Macht über die «Untertanen».) In der ersten Hälfte des 19. Jahrhunderts gelangte «das Absolute» in die Philosophie – nachdem es im politischen Leben abgeschafft worden war. In der Philosophie wurde «das Absolute» manchmal als Bezeichnung für Gott verwendet. Der Philosoph Hegel bezeichnete das Christentum als «die absolute Religion». Gegen Ende des 19. Jahrhunderts kam dann – zuerst in der philosophischen Literatur – der Ausdruck «Relativismus» auf; er bezeichnete eine Denkrichtung, derzufolge unsere Erkenntnisse von der jeweiligen kulturellen Situation abhängig sind. Der Relativismus wandte sich gegen den Dogmatismus. (Der Dogmatismus behauptet das Vorhandensein von immer und überall gültigen, letzten und absoluten Wahrheiten.)

Im Jahre 1905 veröffentlichte Albert Einstein seinen ersten Aufsatz zur Relativitätstheorie. Bislang ist sie nicht widerlegt worden.

Das Buch von Teilhard de Chardin hatte für Herrn O. einen relativen Wert: in Beziehung auf die (Beschwichtigung der) Angstgefühle des Herrn O.

Indem Herr O. das Buch von Teilhard de Chardin in Beziehung zu den Angstgefühlen setzte, relativierte er es.

Es handelt sich dabei um eine Einstellung, die jedem Bücherfreund geläufig ist. Manche Bücher werden wegen ihres Unterhaltungswertes geschätzt, andere wegen ihrer schönen Ausstattung oder ihres Alters, andere wegen ihres Informationsgehaltes, andere wegen ihres literarischen oder ästhetischen Wertes. Der Bücherfreund setzt in allen diesen Fällen das jeweilige Buch in Beziehung zu einem bestimmten Bedürfnis. Wenn er sich bilden will, greift er nicht zu einem Kriminalroman; wenn er erhebende Gefühle haben will, dann liest er Gedichte (zum Beispiel von Rilke) und nicht die Abenteuer von Donald Duck.

Manche Bücherfreunde behaupten, daß die Gedichte von Rilke wertvoller seien als die Abenteuer von Donald Duck. Sie unterscheiden zwischen höheren und niederen Werten bei der Beurteilung von Büchern. Sie haben eine Wertordnung. Wenn man ihnen sagt, daß ihre Wertordnung mit ihrer Erziehung, der sozialen Stellung ihrer Eltern, dem Geburtsland usw. zusammenhängt, dann ärgern sie sich. Sie fühlen sich relativiert. Wenn man sie sehr reizt, dann sagen sie vielleicht: Es muß doch schließlich absolute Werte geben!

Sie meinen damit ihre eigenen.

Meine Mutter schätzte die Romane von Ludwig Ganghofer.

Als ich ihr einmal eine Ausgabe des Neuen Testamentes schenkte, bedankte sie sich zwar dafür, las aber kaum darin. Als ich sie nach einiger Zeit fragte, wie ihr das Neue Testament gefiele, gestand sie mir, daß sie es langweilig fände. Sie fügte hinzu, daß sie weiterhin versuchen wolle, im Neuen Testament zu lesen.

Sie wollte mir eine Freude damit bereiten.

Wenn ich meine Mutter gefragt hätte, ob ihr die Romane von

Ganghofer lieber seien als das Neue Testament, dann hätte sie diese Frage verneint, aus Respekt vor dem Neuen Testament. Sie wußte, daß die Romane von Ganghofer nicht zur gehobenen Literatur gehören. Die Romane von Ganghofer werden zur sogenannten Trivialliteratur gezählt.

Meine Mutter hätte vielleicht gesagt:

Man kann doch das Neue Testament nicht mit Ganghofer vergleichen!

Meiner Mutter war der hohe Ruf, den die Bibel genießt, bekannt. Sie wußte, daß man im Gottesdienst aufstehen muß, wenn aus den Evangelien vorgelesen wird. In der katholischen Kirche bestand die strenge Regel, daß im Gottesdienst nur die Priester und die Diakone berechtigt waren, aus dem Evangelium vorzulesen. Niemandem wäre der Gedanke gekommen, im Gottesdienst eine Stelle aus den Romanen vorzulesen, die meine Mutter so gern im Bett las. Auch mir wäre dieser Gedanke nicht gekommen. Als ich, nach meiner Weihe zum Diakon, das erste Mal während eines Hochamtes das lateinische Evangelium singen durfte, hatte ich feierliche und erhabene Gefühle. Vorschriftsgemäß hüllte ich das Evangelienbuch in Weihrauchwolken, bevor ich zu singen begann. Das Evangelienbuch war in Leinen gebunden. Nachdem ich das Evangelium gesungen hatte, mußte ich das Evangelienbuch zum Priester tragen. Der Priester mußte das Evangelienbuch küssen. Später, als ich Priester war, habe ich das Evangelienbuch selber oftmals geküßt.

Viele Texte aus den Evangelien kannte ich vom oftmaligen Hören, vom Studium und aus langen Meditationen auswendig, ferner aus den täglichen Gebeten, die jeder Priester zu verrichten hat. Manche dieser Texte waren eine Seelenarznei für mich und sind es heute noch. Was ich inzwischen gelernt habe, ist dies:

Meine Seelenarzneien müssen nicht unbedingt auch anderen Menschen helfen.

Die propagandistische Empfehlung von Seelenarzneien wird «Mis- 21
sion» genannt.

Hätte mich Herr O. dringend aufgefordert, das Buch von Teilhard de Chardin zu lesen, dann wäre sein Verhalten ein missionarisches gewesen.

Ein «Missionar» ist ein Mensch, der andere Menschen von der Wirksamkeit bestimmter Seelenarzneien überzeugen will.

Es gibt missionarische und nicht-missionarische Religionen.

Der Buddhismus, das Christentum und der Islam sind missionarische Religionen. Die jüdische Religion ist nicht-missionarisch.

Die Mystik ist nicht-missionarisch

Es gibt verschiedene Missionsmethoden.

Zum Beispiel pflegten die Spanier und Portugiesen während der Eroberung Südamerikas manchmal eine missionarische Kurzmethode anzuwenden. Wenn sie ein Dorf erobert hatten, versammelten sie die Bevölkerung und forderten sie auf, sich zum Christentum zu bekehren und sich taufen zu lassen. Sie ließen zehn Minuten verstreichen, und nach dem Verstreichen dieser Frist wurde geschossen. Manchmal verstanden die Indianer gar nicht, was man von ihnen wollte, weil kein Dolmetscher vorhanden war.

Sie starben dann in Unkenntnis der Wirksamkeit der christlichen Seelenarzneien.

Heute ist ganz Südamerika zu 90 Prozent katholisch.

Inoffiziell blüht das Zauberwesen und die Mystik in vielerlei Formen, die für Europäer und Nordamerikaner eher bizarr sind. Manche dieser Formen unterliegen strenger Geheimhaltung.

Die katholische Kirche spielt in Südamerika eine ähnliche Rolle wie die römische Staatsreligion zur Zeit um Christi Geburt.

22 Herr O. hätte, anstelle von oder in Kombination mit Teilhard de Chardin, gegen seine Angstgefühle auch ein Antidepressivum schlukken können. Antidepressiva sind chemische Substanzen, und man erhält sie in der Apotheke. Sie wirken, wie alle psychotropen Mittel, auf bestimmte Strukturen des Zentralnervensystems.

Zu den psychotropen Mitteln im weiteren Sinne gehören alle schmerzstillenden Mittel (von den Opiaten bis zum Aspirin), die Schlafmittel, die Weckamine, die Rauschdrogen (inklusive des Alkohols).

Die psychotropen Mittel im engeren Sinne werden auch Psychopharmaka genannt.

Unter den Psychopharmaka werden – nach deren Wirkung auf das psychoenergetische Niveau – zwei Hauptgruppen unterschieden:

Die sogenannten Neuroleptika bzw. Tranquilizer, welche das psychoenergetische Niveau reduzieren.

Die sogenannten Thymoleptika bzw. Antidepressiva, welche das psychoenergetische Niveau erhöhen.

In den USA nahm die Zahl der ärztlichen Verschreibungen psychotroper Mittel zwischen 1958 und 1967 um 65 Prozent zu, gegenüber einer Zunahme der Verschreibungen sonstiger Medikamente im gleichen Zeitraum um 35 Prozent.

Die Art und Weise der Wirkungen der verschiedenen psychotropen Mittel auf das Zentralnervensystem ist ein Gegenstand gründlicher und aufwendiger wissenschaftlicher Forschungen.

Die Wirkung von Teilhard de Chardin auf das Zentralnervensystem ist wissenschaftlich unerforscht.

Das Buch von Teilhard de Chardin ist mit dem Ausdruck «chemische Substanz« nicht genügend beschrieben.

Wie man sieht, ist nur ein verhältnismäßig kleiner Teil der Seelenarzneien wissenschaftlich erforscht im Hinblick auf deren exakte Wirkungen auf das Zentralnervensystem. Daß Teilhard de Chardin auf Herrn O. eine antidepressive Wirkung hatte, dürfen wir Herrn O. schon glauben. Das psychoenergetische Niveau des Herrn O. wurde durch die Lektüre Teilhards gehoben.

An dieser Stelle unserer Ausführungen müssen wir der Medizin und den sonstigen einschlägigen naturwissenschaftlichen Disziplinen leider einen Vorwurf machen. Der Vorwurf lautet, daß sie die Anfänger in bezug auf den fachmännischen Umgang mit Seelenarzneien ziemlich im Stich lassen.

Dieser Vorwurf gilt vornehmlich für den Bereich jener Seelenarzneien, die chemisch nicht analysierbar sind, also für rhythmische und musikalische und tänzerische Aktivitäten, für Techniken der Meditation, für das Studium philosophischer Texte. All das hat eine Wirkung auf bestimmte Strukturen des Zentralnervensystems. Oder, anders ausgedrückt: Es kann zur Berührung mit dem Göttlichen führen. Prof. Leisegang (siehe oben Nr. 4), dem wir diese Formulierung verdanken, führt neben den soeben erwähnten Mitteln und Wegen auch Erregungs- und Rauschmittel an, also psychotrope Substanzen im weiteren Sinne. Auch sie können zur Berühung mit dem Göttlichen führen, Leisegang zufolge.

Es bleibt die Frage, unter welchen Bedingungen ein Rausch zur Berührung mit dem Göttlichen führt. Nicht nur Prof. Leisegang läßt diese Frage unbeantwortet. Auch die medizinische Forschung steht ihr ziemlich hilflos gegenüber.

Vielleicht liegt der Grund für diese Hilflosigkeit darin, daß die Forschungsabteilungen der Arzneimittelkonzerne wegen des guten Geschäfts mit psychotropen Substanzen andere Sorgen haben als die Berührung mit dem Göttlichen. Sie sind mit der Entwicklung neuer Psychopillen beschäftigt.

Auch die internationalen Drogen-Syndikate krimineller Art dürften an theologischen bzw. mystischen Fragestellungen nicht sonderlich interessiert sein. Nicht einmal die Alkoholindustrie, anerkannterweise zuständig für die Herstellung von Räuschen, hat bislang kein Institut für die Erforschung der Beziehungen zwischen Rausch und Mystik finanziert. Bis auf weiteres bleibt die Berührung mit dem Göttlichen ein naturwissenschaftliches und geschäftliches Neuland.

Um den Anfängern die Orientierung im Bereich der Seelenarzneien 23
zu erleichtern, sei folgende Einteilung vorgeschlagen:

Chemisch analysierbare Seelenarzneien = psychotrope Substanzen.

Chemisch nicht analysierbare Seelenarzneien = psychotrope Ereignisse.

Hier ist eine kleine Übung.

Die Anfänger werden gebeten, ein Blatt Papier mit einem Strich in zwei Hälften zu teilen. Als Überschrift über die linke Kolumne schreibe man: «Psychotrope Substanzen»; über die rechte Kolumne schreibe man: «Psychotrope Ereignisse.»

Die Aufgabe besteht darin, die nun folgenden Hauptwörter je nach ihrer Zugehörigkeit in die linke oder rechte Kolumne zu setzen. Man erhält auf diese Weise zwei Listen von Seelenarzneien, geordnet nach deren möglicher oder nicht möglicher chemischer Analysierbarkeit.

Hier sind die Hauptwörter.

Konzertbesuch. Gebet. Kaffee. Stierkampf. Opium. Nikotin. Urlaub. Haschisch. Tanz. Weihrauch. Lesen. Musizieren. Heroin. Kinobesuch. Wein. Sonnenbad. Meditation. Fasten. LSD. Sex-Orgie. Hochzeit. Tee. Rendezvous. Schifahren. Begräbnis. Schallplattenhören. Schwimmen. Prozession. Meskalin. Glockenläuten. Schaufensterbummel. Fußballmatch. Schlafmittel. Papstaudienz. Pingpong. Ausstellungsbesuch. Lippenstift. Gasthausbesuch. Autorennen. Horoskop. Beruhigungspille. Bier. Lotteriespiel. Wandern. Randalieren. Gottesdienst. Coca-Cola. Bergsteigen. Keuschheit.

Es ist möglich, daß manche Anfänger bei einzelnen Hauptwörtern zögern werden, sie als Seelenarzneien überhaupt anzuerkennen. In diesem Fall lasse man das betreffende Wort einfach weg.

Oder man vermißt unter den angeführten Hauptwörtern die eine oder andere Seelenarznei. In diesem Fall füge man sie ohne weiteres dazu.

Es liegt keineswegs in der Absicht des Verfassers, Liebhaber von Kamillentee oder pornografischer Literatur zu diskriminieren.

Die Anfänger werden gebeten, die Liste aufzubewahren.

24 Die linke Rubrik der soeben beschriebenen Liste enthält, bei richtiger Lösung der Aufgabe, folgende Hauptwörter: Kaffee. Opium. Nikotin. Haschisch. Weihrauch. Heroin. Wein. LSD. Tee. Meskalin. Schlafmittel. Beruhigungspille. Bier. Coca-Cola. (Kamillentee.)

Diese Liste der psychotropen Substanzen ist selbstverständlich nicht erschöpfend.

Auch die Liste der psychotropen Ereignisse (sie enthält die restlichen Hauptwörter) ist unvollständig.

Die Unvollständigkeit der beiden Listen braucht die Anfänger nicht weiter zu stören. Vollständigkeit hat den Nachteil, Langeweile zu erzeugen.

Eine weitere Hilfe bei der Unterscheidung zwischen psychotropen Substanzen und psychotropen Ereignissen kann ein Blick auf die

Produzenten von Seelenarzneien bieten.

Zuständig für die Herstellung psychotroper Substanzen sind die pharmazeutische Industrie, die Drogen-Syndikate, die Alkohol- und Genußmittelbranche.

Zuständig für die Herstellung psychotroper Ereignisse sind die Kulturindustrie, die Tourismusindustrie, das Sportgeschäft, die Kirchen, die Vergnügungsindustrie, die Geisteswissenschaft, die Prostitution, das Glücksspielwesen.

Auffällig ist ferner die Tatsache, daß Seelenarzneien vorwiegend in der arbeitsfreien Zeit konsumiert werden. (Rauchen und Trinken kann man unter Umständen auch während der Arbeit.)

Es ergibt sich der Merksatz:

Mystik ist eine Freizeitbeschäftigung, wie der Liebesakt und die Revolution.

Nunmehr folgt, zu Nutz und Frommen der Anfänger, der Abschied 25
von Dionysos.

Dionysos, der Gott der frommen Räusche, der Orgien und Ekstasen, der rasenden Mysterien auch, ist weder in kapitalistischen noch in kommunistischen Industrieländern populär. Christentum und doppelte Buchführung, Eisenbahn und Stücklohn, Eherecht und Irrenanstalten, Fernsehen und Computerwesen haben ihm den Garaus gemacht. Anzutreffen ist er nur mehr in den Schriften Nietzsches, in religionsgeschichtlichen Handbüchern, in der klassischen Altertumswissenschaft, in der gehobenen Literatur, im Ballett und im Museum.

Leb wohl, Dionysos!

Deine wilden Frauen, schwärmend auf den Höhen des Parnaß, wo sind sie geblieben?

Deine trunkenen Feste zu Ehren des neuen Weins, wer feiert sie noch?

Deine lasziven Liedchen, wer trällert sie?

Allenfalls Anthony Quinn, in dem Film «Alexis Sorbas».

Wie könnten es deine entfesselten Schwestern noch wagen, wilde Hasen und Rehe zu fangen, bei lebendigem Leib zu zerreißen und deren Fleisch blutigwarm zu verschlingen?

Sie würden gegen die Jagd- und Tierschutzgesetze verstoßen.

Vielleicht gibt es dich noch, unter andern Gestalten, in afrikanischen Dschungeln, auf Borneo und in Brasilien, beim Klang dumpfer Trommeln. Aber uns, den nachhaltig Zivilisierten, bleibst du entschwunden. Suchten wir dich in den Stahlgewittern gewaltiger Kriege?

Schon möglich. Doch fanden wir Ares nur, mit glänzendem Helm, und den blitzeschleudernden Zeus.

Leb wohl, Dionysos!

Gefährlicher Spätromantiker du!

Wir werden ohne dich leben müssen, weil uns die Sozialversicherung auf die Dauer lieber ist als eine gelegentliche Orgie.

Sozialversicherungsempfänger feiern keine Orgien. Sie trinken allenfalls ein Glas Bier oder Wein und achten auf ihre Leber.

Räusche fallen bei uns in die Zuständigkeit der Medizin und der Polizei, nicht der Theologie und der Mystik.

Bleib also, wo du bist, Dionysos: in unserm kollektiven Unterbewußten. Dort darfst du ein wenig rumoren, zur Musik des frühen Strawinski. Wenn du brav bist, malt dich vielleicht ein avantgardistischer Künstler, in Öl.

26 Kurzfassung von Nr. 25, für praktisch orientierte Anfänger:

Die Verwendung von Rauschdrogen zum Zweck mystischer Erlebnisse ist in Industriegesellschaften anachronistisch und daher zum Mißerfolg verurteilt.

Dasselbe gilt für alle übrigen psychotropen Substanzen.

Anfänger mit Einschlafstörungen, Depressionen, Kopfschmerzen, psychosomatischen Störungen aller Art, Erektionsschwierigkeiten usw. werden während und nach der Lektüre meines Buches wohl oder übel ihre Versuche fortsetzen müssen, eine Besserung ihrer Leiden zu erreichen: Ein wenig Akupunktur, eine Gruppentherapie, autogenes Training, Yoga-Übungen, psychotherapeutische Sitzungen, Pillen.

Sie befinden sich in einer ähnlichen Lage wie Herr O.

Herr O. ist, fast hätte ich vergessen, es zu erwähnen, Kommunist.

Wer wollte ihm daraus einen Vorwurf machen?

27 Wir wenden uns nunmehr den chemisch nicht analysierbaren Seelenarzneien zu, anhand

der ZWEITEN PRAKTISCHEN ÜBUNG

Zu ihrer Durchführung bediene man sich der Liste, deren Erstellung weiter oben (Nr. 23) empfohlen wurde. Die linke Kolumne («psychotrope Substanzen») streiche man durch. Weitere Hilfsmittel für die Durchführung der Übung sind: Fotoalben, Tagebücher, Briefe, alte Termin- oder Taschenkalender, Dias, Andenken aller Art, Filme – alles, was wegen seines Erinnerungswertes aufbewahrt wurde.

Die Übung erfolgt in zwei Schritten.

Zunächst stelle man fest (anhand der erwähnten Liste oder durch Nachdenken), welche Seelenarzneien einem selber bereits geholfen haben. Sodann versuche man sich an Erlebnisse zu erinnern, die von starken Gefühlen begleitet waren, im Zusammenhang mit den betreffenden Seelenarzneien.

Einige Beispiele mögen zur Verdeutlichung dienen.

Don Giovanni (so wie er in der gleichnamigen Mozart-Oper auftritt) würde die Übung ziemlich rasch absolviert haben. Auf die Frage nach seiner bevorzugten Seelenarznei würde er antworten: Frauen! Dann würde er Leporello rufen und sich aus dem Frauenregister vorlesen lassen. Hie und da würde er die Verlesung bei einem bestimmten Namen mit einem vergnügten Ausruf unterbrechen. (Don Giovanni hat einen ausgesprochen extrovertierten Charakter. Die Übung würde ihn bald langweilen. Man darf annehmen, daß ihm für die Mystik im herkömmlichen Sinn jede Begabung fehlt.)

Bergsteiger, Briefmarkensammler, Gartenfreunde dürften ebenfalls keine besonderen Schwierigkeiten bei der Durchführung der Übung haben. (Bergsteiger und Gartenfreunde neigen zur Naturmystik; Briefmarkensammler sind beschauliche Menschen und mithin nicht untalentiert für Meditationsübungen.)

Mütter werden unter Umständen dazu neigen, sich an Augenblicke intensiven Glücks im Zusammenhang mit ihren Kindern zu erinnern.

Erfindern und Künstlern wird die Stunde des entscheidenden Einfalls am meisten bedeuten. (Hierbei handelt es sich – in der Sprache der klassischen Mystik – um sogenannte «Erleuchtungen».)

Anderen Anfängern wird die Wohnung (das Haus) eine Menge bedeuten, und ihre Gefühle bei der Lieferung der neuen Sitzgarnitur mögen beinahe ekstatischer Art gewesen sein.

Erschütterungen, Krisen, Rückschläge, Krankheiten usw. sind aus der Übung keineswegs ausgeschlossen.

Man achte ferner auf Neuheitserlebnisse. (Das erste Fahrrad, der erste Kuß.)

Der Zweck der Übung ist eine Stärkung des Selbstbewußtseins der Anfänger.

Nützlich wäre es, wenn die Anfänger die auf die beschriebene Weise hervorgeholten Erinnerungen mit dem Material vergleichen würden, das ihnen von der ersten praktischen Übung (oben Nr. 14) erinnerlich ist – also mit diversen Titeln von Büchern über Mystik. Dabei könnte sich beispielsweise die Frage ergeben:

Was hat das Tibetanische Totenbuch mit mir zu tun?

Anfänger mit gestärktem Selbstbewußtsein sollten den Mut finden, ihre Freude über neue Vorhänge nicht geringer zu achten als die Lektüre des Kommentars zum Tibetanischen Totenbuch aus der Feder von C. G. Jung.

Es handelt sich in beiden Fällen um Seelenarzneien.

Und zweifellos gibt es Menschen, denen neue Vorhänge mehr bedeuten als die Lektüre des Kommentars zum Tibetanischen Totenbuch von C. G. Jung. Warum sollte man solche Menschen von der Mystik ausschließen?

Wäre es nicht denkbar, daß auch sie ihre Erleuchtungen haben?

Vielleicht hat es ihnen nur noch niemand gesagt.

Neunte Lektion

Das fünfte, was die Anfänger verlernen müssen, ist das Opferbringen

28 Geschlagen wurde ich von meiner Mutter insgesamt drei Mal, energisch und auf das Hinterteil, mit der Hand und im Zorn. Meine Mutter war jähzornig. Sie wurde, daran erinnere ich mich, vom Zorn gepackt, als ich in einen Laib Brot biß, ohne darauf zu warten, bis man mir ein Stück abschnitt. Damals schlug sie mich in der beschriebenen Weise. Ich erinnere mich an keine Schmerzen, was vielleicht damit zusammenhängt, daß der Zorn meiner Mutter keinen Aufschub zuließ und mir somit das Ausziehen der Hose ersparte. Die Hose dämpfte die Wirkung der Schläge.

Diese Erziehungsmaßnahme nannte meine Mutter «salzen» oder «durchsalzen».

Durchgesalzen wurde ich im Schlafzimmer meiner Mutter. In diesem Zimmer hing ein ziemlich großes Bild in einem Goldrahmen, eine Reproduktion. Das Bild zeigte viele schöne Frauen, vielleicht einen Harem. Meine Erinnerung an das Gesalzenwerden ist mit der Erinnerung an das Bild mit den schönen Frauen verknüpft.

Meine Mutter schlief allein.

Daneben, im Kabinett, schlief ich.

Meine Großmama schlief im Wohnzimmer.

Mit meiner Großmama war ich leiblich nicht verwandt. Sie war eine Beamtenwitwe, Sozialdemokratin und Freidenkerin. Mit den Eltern meiner Mutter war sie befreundet gewesen, und als diese gestorben waren, hatte sie sich meiner Mutter und meines Onkels Franz angenommen. So kam es, daß ich sie Großmama nannte. Meine Mutter sprach von ihr als von der Frau Walch.

Die Frau Walch hat mich nie durchgesalzen.

Von der Frau Walch wurde ich «verwöhnt», dem Urteil meiner Mutter zufolge.

Meine Mutter konnte sich ihren Erziehungsaufgaben nur sozusagen nebenher widmen, wegen ihrer Berufstätigkeit. Einmal, es war das in den ersten Wochen meines ersten Schuljahres, zerriß sie – wiederum im Zorn – mein Schreibheft. Ich hatte Auf- und Abstriche zu üben und zog ungebührlich lange Verbindungslinien (Aufstriche), um früher mit der Übung fertig zu werden. Ich wollte spielen gehen, zu den anderen Kindern, «hinunter».

Ich bin schon fertig. Kann ich jetzt hinunter gehen?

Hinunter, das war «der Garten». Dieser war ein Komplex von

Kleingärten, um die herum, in einem großen Rechteck, die Wohnhäuser gebaut waren. Die Wohnsiedlung stammte aus dem Jahr 1922 und war von der Gemeinde Wien errichtet worden. Man ging damals von dem Gedanken aus, jedem Mieter einen kleinen Garten zu geben. Die kleinen Gärten durften von uns Kindern nicht betreten werden, es sei denn, es handelte sich um den «eigenen» Garten der Eltern eines der Kinder. Meist spielten wir auf den Wegen, die zwischen den Gartenkomplexen angelegt waren. Wir spielten «Verfolgung», eine Art Versteckenspiel.

Als meine Mutter sah, was ich geschrieben hatte, zerriß sie das Heft, schickte mich in die Papierhandlung um ein neues, und ließ mich noch mal anfangen.

In meinen Träumen lief ich manchmal durch den Garten, verfolgt von einer Frau mit langen schwarzen Haaren. Diese Träume hatte ich in Vollmondnächten, und der Zusammenhang der Frau mit dem Mond war mir im Traum durchaus geläufig, ja selbstverständlich.

Warum sie mir wohl nachgelaufen ist, die Mondfrau?

Warum ich ihr wohl davongelaufen bin?

Sie hat ein Opfer gesucht, und das Opfer sollte ich sein, und was sie mit mir machen wollte, war nicht einmal im Traum vorstellbar, war namenlos schrecklich.

So lief ich durch das «kleine Wegerl». Das kleine Wegerl nannten wir Kinder einen schmalen Weg zwischen den Gärten. Büsche und Zweige von Bäumen wuchsen über diesen Weg, und deshalb hieß er auch «der heimliche Weg». Die Mondfrau verfolgte mich im heimlichen Weg. Erwischt hat sie mich nie, ich wachte früher auf.

Ich wollte nicht geopfert werden.

Im Jahr 1950, ich war damals im Priesterseminar, schlug mir mein 29
Beichtvater vor, mich der Muttergottes zu «weihen». Ich war einverstanden, und mein Beichtvater gab mir ein kleines Kärtchen, auf dem folgender Text stand:

«O meine Gebieterin, o meine Mutter! Ich schenke mich Dir ganz, und zum Beweise meiner Hingabe weihe ich Dir heute meine Augen, meine Ohren, meinen Mund, mein Herz und mich selbst ganz und gar. Weil ich nun Dein bin, o gute Mutter, so bewahre mich, beschütze mich als Dein Gut und Eigentum.»

Diese Weihe fand in dem Ordenshaus statt, in dem mein Beichtvater wohnte, in einer kleinen Hauskapelle. Ich las den Weihetext laut vor und unterschrieb ihn danach. Auch mein Beichtvater setzte seine Unterschrift auf das Kärtchen und das Datum. Es war der 1. November. Wir beteten gemeinsam das Ave Maria. Sonst war niemand anwesend.

Vier Jahre später, am Abend vor meiner Weihe zum Priester,

schrieb ich in mein Tagebuch:

Von neuem rufe ich Dich zu meiner Patronin an; ich bitte Dich, erflehe mir die Gnade, als Priester mich ganz der geheimnisvollen Liebe Gottes zu überantworten.

Mit «Patronin» war die Muttergottes gemeint.

Den Ausdruck «Weihe» vermied ich in meinem damaligen Text.

«Geweiht» bedeutet «zum Opfer bestimmt».

Opfer werden getötet.

30 Einweihungen («Initiationen») simulieren, auf dem Höhepunkt des Rituals, einen Tötungsvorgang. Unmittelbar danach werden die Weihekandidaten zu einem «neuen Leben wiedergeboren».

So bei den Wilden, gelegentlich der periodisch wiederkehrenden Umwandlung der Knaben in Männer.

So in den antiken Mysterien, in mancherlei Formen.

So bei der Taufe, die ursprünglich durch Untertauchen gespendet wurde.

So bei der (katholischen) Priesterweihe. Unmittelbar vor ihr liegen die Kandidaten ausgestreckt auf dem Boden.

Auch ich bin auf diese Weise getötet worden, gewissermaßen «symbolisch».

Diesem Symbolismus entsprach real das Keuschheitsgebot.

Die Mondfrau (oben Nr. 28) hatte mich eingeholt, nach 20 Jahren.

Eine äußerst geduldige Person, diese Mondfrau, mit jahrtausendalter Erfahrung.

Sie erwischt alle, an denen ihr gelegen ist.

31 Irgendwann (vor langer Zeit) ist irgendwo ein Mensch auf den absurden Gedanken verfallen, durch die Vernichtung von Sachwerten, Pflanzen, Tieren oder Menschen ein gottwohlgefälliges Werk zu tun. Dieser (im genauen Sinn des Wortes) destruktive Einfall steht am Beginn der Kulturgeschichte des Opferbringens.

Der Erfinder des Opferbringens war offenkundig verrückt. Er stellte sich Gott als ausgesprochenen Sadisten vor, mit einem starken Verlangen nach verbranntem Korn, blutigen Kadavern und Kinderleichen. Die Predigt des ersten Opfers war einfach, und in ihr ist der Erfolg seiner Erfindung begründet. Er behauptete:

Wir alle sind Sünder. Um Gott versöhnlich zu stimmen, müssen wir ihm Opfer bringen.

Diese erste Opferpredigt ist allem Anschein nach unter traurigen Umständen gehalten worden – während einer Dürreperiode zum Beispiel. Heitere und zufriedene Menschen hätten den ersten Opfertheologen bestenfalls ausgelacht. (Unter den Jägervölkern, welche die früheste und längste Kulturstufe der Menschen vertreten, findet sich das Opferbringen nicht.) Unter verzweifelten Bauern (Kain!) und Viehzüchtern (Abel!) hat der Opfergedanke jedoch Fuß fassen können.

Noah war bereits ein Opferexperte: «Er nahm von allen reinen Tieren und von allen reinen Vögeln und brachte auf dem Altar Brandopfer dar. Als Gott den lieblichen Duft roch, sprach er zu sich selbst: Ich will die Erde nicht wieder um der Menschen willen verfluchen.»

Das Schwein ist in diesem Zusammenhang zu beglückwünschen. Weil es unrein war, entging es dem Geopfertwerden.

Es ist den Juden hoch anzurechnen, daß sich unter ihnen der erste Protest gegen den Unsinn des Opferbringens geregt hat, trotz Noah und Abraham (der beinahe sein eigenes Kind geopfert hätte). Während in Jerusalem und anderswo die Priester alle Hände voll mit Opferbringen zu tun hatten, agitierten die Propheten mit voller Lautstärke gegen die frommen Schlächter. Der Einfachheit halber sprachen die Propheten sozusagen mit der Stimme Gottes, in der ersten Person:

Was soll ich mit der Menge eurer Schlachtopfer?

Satt habe ich die Brandopfer von Widdern und das Fett der Mastkälber.

Das Blut von Stieren, Lämmern und Böcken mag ich nicht!

So zu lesen im Buch des Propheten Jesaja, im ersten Kapitel.

Eine schwere Geschäftsstörung des Tempelbetriebs.

Ein paar hundert Jahre später haben die Juden das Opferbringen auch tatsächlich abgeschafft, in Vollstreckung jenes Testaments, das von den Christen abschätzig das alte genannt wird. Es lautet:

Liebe will ich, nicht Opfer.

Dementsprechend haben sich auch die antiken Christen über die hinterwäldlerischen Opferbräuche der römischen Staatspriester hinweggesetzt, wozu ihnen ebenfalls zu gratulieren ist.

In sublimierter, nämlich unblutiger Form hat sich das Opferbringen jedoch unter den Christen sehr wohl erhalten, ausgerechnet unter Berufung auf jenen Jesus, der den Opferschafen im Tempel die Freiheit gegeben hatte, in heller Wut und mit der Peitsche in der Hand.

Ein unbekanntes Genie aus den Kreisen frommer Judenchristen hat – bereits im ersten Jahrzehnt nach dem Tode Jesu und noch vor dem Auftreten des Paulus – aus Jesus ein Opferschaf gemacht. Paulus nahm diese Version begeistert auf, und seither gehört sie zum Kernbestand der christlichen Überlieferung.

Daß Jesus sich nicht einmal im Traum als Opferschaf gesehen hat, störte die christlichen Opfertheoretiker überhaupt nicht.

Besonders ärgerlich ist, daß die Deutung Jesu als Opferschaf auch in die Abendmahlsworte gerutscht ist («. . . mein Blut, das für viele vergossen wird») und somit die nachhaltigste Wirkung hatte.

In der Theorie eines tiefsinnigen Opfertheologen aus dem Mittelalter (Anselm von Canterbury, † 1109) findet sich folgender Gedankengang:

Die Menschen haben Gott durch ihre Sünden schwerstens beleidigt bzw. in seiner Ehre gekränkt. Aus der Rechtsprechung weiß man, daß eine Beleidigung um so schwerer wiegt, je höher der Rang der beleidigten Person ist. Für die Menschen war es juristisch unmöglich, als sterbliche bzw. endliche Wesen dem unsterblichen bzw. unendlichen Gott Genugtuung zu leisten. Infolgedessen mußte der Gottmensch sterben, wodurch die gekränkte Ehre Gottes wiederhergestellt wurde.

Ein durchschnittlich begabtes Schulkind kann diesen Tiefsinn ohne weiteres durchwaten, mit folgender Frage:

Warum müssen wir dann immer noch sterben?

Trotzdem wird das anselmische Opfertheorem weiterhin gedruckt und gelesen – in der Hauptsache allerdings nur von Opfertheoretikern. Zu den Opfertheoretikern gehören alle jene, die an der Erhaltung und Verstärkung des menschlichen Sünden- und Schuldbewußtseins interessiert sind. Opfertheoretiker haben ein pessimistisches Menschenbild. Sie reden und schreiben gerne von Schuld und Sühne, von Tragik, Verstrickung, Verhängnis, Scheitern, Leid, Blut und Tod.

Ich kenne dieses Vokabular recht genau.

Ich war selber ein Opfertheoretiker, aus beruflichen Gründen.

Oftmals mußte ich, während meiner Zeit als aktiver Pfarrseelsorger, an die Opferbereitschaft der Pfarrkinder appellieren, wegen der Nächstenliebe im allgemeinen und des Pfarrbudgets im besonderen. Liebe und Opferbringen bildeten in meinen Predigten ein harmonisches Paar. Ich hatte dabei den Propheten Hosea vergessen, für den Liebe und Opferbringen in einem Gegensatz zueinander stehen, wie bereits zitiert:

Liebe will ich, nicht Opfer.

(Diesen Satz kann man nicht oft genug zitieren; auch Jesus hat ihn zitiert, zweimal, nach Matthäus, in dieser Fassung: Erbarmen will ich und nicht Opfer.)

Hier ist eine Frage für die Anfänger:

Warum schließen die Liebe (bzw. das Erbarmen) und das Opferbringen einander aus?

Die richtige Antwort lautet:

Weil das Opferbringen mit Schuldgefühlen verbunden ist, die Liebe hingegen nicht.

Hosea (bzw. Gott) und Jesus sind mit ihrer Kritik am Opferbringen 32
nicht besonders erfolgreich gewesen; die Juden blieben eine kleine Minderheit unter den Menschen, und die siegreichen Christen betrachteten Jesus als Opferschaf für einen beleidigten Gott.

Für die Erfolglosigkeit der Opferkritiker gibt es eine einfache Erklärung. Sie ist so einfach, daß sie von der landläufigen Religionswissenschaft, der Sozialpsychologie und der politischen Ökonomie meist übersehen wird. Die Erklärung lautet:

Das Opferbringen ist intim mit dem Geldwesen verknüpft.

Schon die ursprüngliche Opferidee enthält einen durchaus geschäftlichen Zug, im Sinne eines schlichten Tauschhandels zwischen Menschen und Göttern. Währungseinheiten und Wechselkurse mochten in den verschiedenen Kulturen durchaus schwanken, aber der Vorgang selber ist klar:

Einer menschlichen Opfereinheit entspricht eine göttliche Gnadeneinheit.

Zum Beispiel: Eine getötete Jungfrau für ein ausgiebiges Regenwetter.

Der nächste Schritt führt uns in die hochkulturellen Opferfabriken Ägyptens und Mesopotamiens. In diesen Betrieben haben Zehntausende gearbeitet, es handelte sich um wohlorganisierte Wirtschaftskörper, mit eigenem Grund und Boden, Werkstätten (für die Herstellung der Götterbilder) und sogar einer besonderen Polizei.

Der sozusagen kleingewerbliche Opferbetrieb der Dorfpriester mutet demgegenüber geradezu rückständig an.

In den großen Opferzentren der alten Welt ist dann – aus betriebswirtschaftlichen Gründen – eine Rationalisierung im Umgang mit den Opfergaben zu beobachten. Diese Rationalisierung geschah durch Auslese, Wertung und Typisierung der Opfergaben.

Durch Auslese: Alte Hühner werden zurückgewiesen.

Durch Wertung: Ein Schwert bringt mehr Gnade als ein Beil.

Durch Typisierung: Der Opferstier hat einjährig und fehlerlos zu sein.

In der deutschen Sprache läßt sich dieser fromme Geldschöpfungsvorgang noch verfolgen: «Geld» (althochdeutsch «gelt», angelsächsisch «gild») hat ursprünglich «Opfer» bedeutet, der Ausdruck «gelten» soviel wie: «besonders auf Opfer bezogen».

Auf diese Weise wurde der Opferwert einer Sache (oder eines gut gewachsenen Haustieres) zum Richtmaß im Warenverkehr, auch außerhalb der Tempel. Die Bewertung lag ausschließlich im Ermessen der Obrigkeit.

Daß die Aufzucht eines Stieres mit einem weißen Fleck auf der Brust ebensoviel Arbeitskraft kostet wie die Aufzucht eines vollkommen schwarzen Tieres, interessierte die Priester nicht. Sie nahmen –

wieder ein Beispiel – nur einfarbige Tiere, im Interesse der Götter.

Dementsprechend hoch war, um im Beispiel zu bleiben, der Marktwert eines einfarbigen Jungstiers. Ein solcher Stier war ebenso gut wie Geld. Er war Geld.

Auch die Priester wollten leben. Sie lebten von jenem Teil der Opfergaben, auf die göttlicherseits verzichtet wurde. Auch die Könige sicherten sich ihren Anteil und belohnten damit in der Folge ihren Hofstaat.

Der nächste Schritt ist so einfach wie betriebswirtschaftlich genial: Statt eines Stieres wird ein Stück Edelmetall als Opfergabe entgegengenommen, ab dem siebten vorchristlichen Jahrhundert. Älteste Münzen trugen dann tatsächlich das Bild eines Stieres, wie etwa in Lydien. Geprägt wurden die Münzen selbstverständlich von der Obrigkeit, und man kann sich die erbitterten Kämpfe zwischen zivilen und sakralen Machtapparaten um das Münzrecht unschwer vorstellen.

Alle Münzen, im Altertum und im Mittelalter, bis in die Neuzeit, wurden mit religiösen Zeichen versehen. (In Ungarn und Bayern hielt sich die Muttergottes bis ins 19. Jahrhundert auf manchen Münzen.) Auf den Münzen der USA liest man bis heute den Spruch: In God We Trust.

Die urtümliche Vorstellung von Gott als (loyalem) Partner beim Opfergeschäft ist in diesem Spruch noch leidlich erkennbar.

Was bedeuten ein paar Bibelsprüche (Hosea, Jesus) gegen eine solch altrenommierte Ordnung der Dinge?

Wenig, wie die Kulturgeschichte lehrt.

Andererseits muß festgehalten werden:

Die Mystik ist dem Opferbringen ebenso entgegengesetzt wie das Erbarmen dem Geldwesen.

Wir registrieren, innerhalb der Bibel, zweierlei Gott.

Der eine freut sich über die Opfer, der andere nicht. Der eine wünscht Zerknirschung, der andere Liebe.

Dem einen entspricht Jesus als Opferschaf (das hinwegnimmt die Sünden der Welt), dem anderen der Jesus in schlechter Gesellschaft.

Der eine heißt in Wirklichkeit Mammon, weil er auf Bezahlung der Schuld besteht; er ist, wie in Nr. 5 bereits gesagt wurde, eine Mystifikation – allerdings, wie nunmehr hinzugefügt werden darf, eine ungemein wirksame.

Den anderen Gott könnte man den unbekannten Gott nennen. Er lebt, wie die jüdischen Mystiker das ausgedrückt haben, in der Verbannung.

Meine Mutter hatte eine schöne und gut lesbare Handschrift. 33

Sie führte eine Art Tagebuch, in dem sie alles notierte, was ihr in bezug auf mich erinnernswert schien: Beförderungen, Auslandsreisen, Todesfälle, öffentliche Auftritte, Übersiedlungen usw.

Wenn in den Zeitungen über mich geschrieben wurde, schnitt sie die Artikel aus und legte sie in ihr Heft. Der Gegenstand ihrer Chronik war ausschließlich ich.

Im letzten Jahr ihres Lebens wurde die Schrift meiner Mutter zittrig und konnte nicht mehr genau die Zeilen einhalten. Das Schreiben machte ihr zusehends Mühe, wie sie mir sagte. Trotzdem führte sie ihre Chronik weiter. Die letzte Eintragung geschah vier Monate vor ihrem Tod.

Meine Mutter hat, wenn man es so ausdrücken darf, für mich gelebt.

Hat sie sich, wie manche Leute das ausdrücken würden, für mich «aufgeopfert»?

Nein.

Sie war keine Masochistin.

Es gibt eine weitverbreitete Form der Mystik, vor der insbesondere 34
die Anfängerinnen nachdrücklich gewarnt werden müssen. Es handelt sich um eine masochistische Mystik, und sie zieht aus den widerwärtigsten Erfahrungen den größten Lustgewinn.

Die bedeutendste Heilige der masochistischen Mystik heißt Maria Magdalena dei Pazzi (1566–1607), eine Karmeliterin aus Florenz. Sie gilt als eine der hervorragendsten Mystikerinnen ihres Ordens. Sie wälzte sich in Dornen, ließ sich gerne heißes Wachs auf die Haut tropfen, aufs Gesicht treten und auspeitschen. Ihr Herzenswunsch: «Pati non mori.»

Immer leiden ohne zu sterben.

Weitere heiliggesprochene Mystikerinnen dieser Art sind:

Die heilige Angela von Foligno (1248–1309). Sie trank das Waschwasser von Aussätzigen, laut eigener Aussage mit Wonne.

Die heilige Katharina von Genua (1447–1510). Sie kaute Schmutz von alten Armenkleidern, wobei sie auch die Läuse verschluckte.

Die heilige Marguerite Marie Alacoque (1647–1690). Sie schnitt sich ein Jesusmonogramm in die Brust und brannte es, als es wiederum zuheilte, mit einer Kerze frisch aus.

In der Persönlichkeitsforschung wird derlei unter dem Merkmalskomplex des sogenannten «weiblichen Masochismus» erörtert. Er ist nicht nur unter mittelalterlichen und barocken Nonnen anzutreffen, sondern auch, in milderen Formen, unter modernen Hausfrauen. Er wird mit Hilfe des Minnesota Multiphasic Personality Inventory (MMPI) getestet.

Unter weiblichem Masochismus kann die freudige Bereitschaft zu Schmerz und Unglücklichsein und Verzicht auf Triebbefriedigung verstanden werden, im Zusammenhang mit einem Geborgenheitsgefühl in einer autoritären Familie.

Wie der Psychologe Bales hinzufügt, handelt es sich hierbei um ein weitverbreitetes (common) weibliches Rollenverhalten.

Es entspricht der Haltung des (freudigen) Opferbringens, und die modernen Volkswirtschaften ziehen aus ihm einen nicht unbeträchtlichen Gewinn.

Nach dem Urteil von Galbraith ist die dienende Rolle der Frau von ausschlaggebender Bedeutung für die Expansion des Konsums in der modernen Wirtschaft. Ausgedrückt in Geldwert, kann der Anteil der Hausfrauentätigkeit am Bruttosozialprodukt auf ein Viertel geschätzt werden. Das ist gar nicht so wenig, wenn man bedenkt, daß für die Hausfrauentätigkeit in der Regel keine Bezahlung vorgesehen ist. Um die Frauen trotzdem bei Laune zu halten, wird ihnen von Kindheit an der hohe Wert des (freudigen) Opferbringens beigebracht, mit allerlei Weisheitslehren.

Zum Beispiel:

Man muß auf vieles im Leben verzichten.

Die Anfänger werden gebeten, auf diesen Spruch mit der Frage zu antworten:

Warum?

Daß meine Mutter auf vieles im Leben verzichten hat müssen, kann ihrer Kurzbiographie am Beginn dieses Buches entnommen werden. Das Verzichtenmüssen hat sie nicht als wertvoll empfunden, entgegen der Auffassung der Opfertheoretiker, die aus jedem Magengeschwür eine Stufe zum Himmel machen. Nicht einmal abgefunden hat sie sich mit dem Verzichtenmüssen, wie aus ihrem Wunsch nach dem Haupttreffer hervorgeht. In diesem Wunsch ist ihr Protest gegen die ihr aufgezwungene Lebenswirklichkeit enthalten.

Daß meine Mutter keine Revolution gemacht hat, wird man ihr schwerlich zum Vorwurf machen können.

35 Der weibliche Masochismus findet sich auch unter Personen des männlichen Geschlechts, beispielsweise den Opfertheoretikern.

Die Idee, der Muttergottes meine Augen, meine Ohren, meinen Mund, mein Herz und mich selbst «ganz und gar» zu weihen (= zu opfern), ist eine opfertheoretische Idee. Mein Beichtvater, der mich auf sie brachte (oben Nr. 29), hat sie nicht erfunden. Sie hat ein hohes kulturgeschichtliches Alter. Wenn sie beim Wort genommen wird, führt sie zur Selbstverstümmelung, vornehmlich an jenen Organen, die im Text meiner Marienweihe nicht ausdrücklich erwähnt werden:

Die Priester der Kybele, einer aus Phrygien stammenden Mysteriengöttin der Antike, wurden kastriert.

Die Nachrichten über solche Radikalweihen sind spärlich; überaus zahlreich dagegen die Zeugnisse einer Lebensauffassung, derzufolge der Verzicht aufs Liebesleben den Aufstieg in sonst unzugängliche geistige (und mystische) Höhen ermöglicht.

Ein gewaltiger Männerchor, aufsteigend aus verstaubten Folianten, singt das Lied von der Enthaltsamkeit. Brahmanen, buddhistische Mönche, christliche Asketen, Manichäer, Kirchenväter, Bogumilen, Katharer, Skopzen preisen die Keuschheit. Sie gehören den gebildeten Oberschichten der jeweiligen Kulturen an, sie sind die Intelligenzija des Triebverzichts.

Die Chinesen, die Juden, die vorchristlichen Griechen und Römer fehlen in diesem Chor.

Auch Jesus hat nicht mitgesungen.

Hingegen hat Aurelius Augustinus (354–430 n. Chr.), Bischof und Kirchenlehrer mit allseits anerkannter Autorität bis ins späte Mittelalter, eine Solopartie im Keuschheitschor übernommen.

Der Gott des Augustinus befiehlt Enthaltsamkeit. Was die Ehe be- 36
trifft, gestattet er sie zwar, rät aber einen Zustand an, der ihr «überlegen» ist.

Diesen Zustand wählte Augustinus im August des Jahres 386, auf dem Höhepunkt einer Seelenkrise, «nur noch ganz wenige Tage vor den Weinleseferien», in Mailand. Dort war Augustinus Professor für Rhetorik und Sprachwissenschaft. Seine «Bekehrung» hat Augustinus selbst geschildert, im 8. Buch seiner berühmten «Bekenntnisse».

«Eines Tages kam ein gewisser Ponticianus zu mir, ein Landsmann aus Afrika, der in angesehener Stellung am kaiserlichen Hof lebte.» So beginnt Augustinus die Darstellung seiner Lebenswende, die viele hundert Jahre lang beispielgebend war.

Augustinus und sein Freund Alypius, mit dem er zusammen lebt, empfangen den vornehmen Gast. Man nimmt Platz, und der Blick des Besuchers fällt auf ein Buch, das auf einem Spieltischchen liegt. Er nimmt es zur Hand und blättert darin. Es handelt sich um ein Exemplar der Briefe des Apostels Paulus. Angenehm berührt, gesteht Ponticianus, daß er Christ sei, und man beginnt über religiöse Fragen zu plaudern.

(Augustinus ist zu dieser Zeit noch nicht getauft; seine philosophischen und theologischen Interessen hatten ihn im Alter von 20 Jahren zur Glaubensbruderschaft der Manichäer geführt, einer aus Persien stammenden Weisheitskirche. Er trennte sich erst nach zehn Jahren von ihr, nachdem ihm manichäische Freunde den Posten in Mailand verschafft hatten.)

Ponticianus beginnt von Antonius dem Einsiedler zu erzählen, einem der ersten christlichen Mönche in Ägypten. Augustinus bemerkt, daß er noch nie etwas von den Mönchen gehört hätte, und Ponticianus beginnt sich für den Gesprächsgegenstand zu erwärmen. Er berichtet von den vielen christlichen Klöstern, allenthalben sind sie zu finden, sogar in Mailand gibt es eins. Folgende Geschichte habe er selbst erlebt:

Als er in Trier stationiert gewesen, sei er mit drei Freunden an einem langweiligen Nachmittag in den Gärten vor der Stadtmauer spazierengegangen. Mehr oder weniger zufällig habe man sich getrennt – er und sein Begleiter seien nach rechts, die beiden anderen nach links gegangen. Letztere seien ohne besonderes Ziel weitergeschlendert und dabei auf eine Hütte gestoßen, in der einige jugendliche Weltflüchtlinge lebten. Mit denen seien sie ins Gespräch gekommen, und auch ein Buch mit der Lebensbeschreibung des Mönches Antonius sei ihnen dabei in die Hände gekommen. Der eine habe darin zu lesen begonnen, mit zunehmender Betroffenheit, und unterm Lesen habe er den Plan gefaßt, ein ebensolches Leben zu beginnen.

Sag mir bitte, so habe er zu seinem Freund gesagt, worauf wir mit allen unseren Anstrengungen hinauswollen. Was suchen wir? Aus welchem Grunde dienen wir? Haben wir bei Hofe noch eine höhere Aussicht als das Amt und den Titel «Freund des Kaisers» zu erringen? Und was ist an einer solchen Stellung nicht hinfällig und gefahrvoll? Und wie lange dauert es, bis man sie erlangt? Ein Freund Gottes hingegen kann ich, wenn ich will, gleich auf der Stelle werden.

So hätten sich beide zum Mönchtum entschlossen. Sie waren verlobt, und als ihre Bräute die Neuigkeit erfuhren, hätten sie ebenfalls den Zölibat gewählt.

Augustinus hört kaum mehr zu, als Ponticianus die Rede auf die Angelegenheit bringt, derentwegen er gekommen ist. Nachdem sich der Besuch verabschiedet hat, beginnt sofort die große Szene.

Augustinus, schreiend: «Was lassen wir uns da gefallen? Was ist das, was wir da gehört haben? Die Ungebildeten stehen auf und holen sich den Himmel, und wir, mit unserer Bildung ohne Herz, wir wälzen uns in Fleisch und Blut!»

Alypius ist perplex.

Augustinus läuft in den Garten, der Freund geht ihm nach.

In einem entfernten Winkel des Gartens setzen sich die beiden nieder; Augustinus – «ich hatte den Verstand verloren und starb, um neues Leben zu gewinnen» – rauft sich das Haar, schlägt sich an die Stirn, umklammert mit verkrampften Fingern die Knie.

Augustinus zu sich selbst: «Jetzt ist bald Schluß! Jetzt ist bald Schluß!»

Dann spürt er die Tränen in sich aufsteigen, bittet Alypius, ihn allein zu lassen, und geht weg. «Ich habe mich unter einen Feigenbaum geworfen und den Tränen freien Lauf gelassen. In Strömen brachen sie aus meinen Augen hervor.»

Im Weinkrampf: «Wann denn, wann denn? Morgen und morgen? Warum nicht in dieser Stunde das Ende meiner Schmach?»

In diesem Augenblick hört Augustinus aus dem Nachbarhaus eine Kinderstimme, die in singendem Ton wiederholt: Nimm, lies! Nimm, lies!

Sofort steht Augustinus auf, er ist überzeugt davon, ein Buchorakel befragen zu müssen. (Diese Sitte war in der Antike beliebt.)

Er geht ins Haus zurück, nimmt den Band der Paulusbriefe und schlägt ihn auf. Sein Auge fällt auf folgende Stelle:

«Nicht in Fressen und Saufen, nicht auf Lagerstätten und in Unzüchtigkeiten, nicht in Streit und Mißgunst! Sondern den Herrn Jesus Christus sollt ihr antun, und den Leib nicht zur Erregung der Lüsternheit hätscheln.»

Damit ist die Entscheidung gefallen; Augustinus hatte sich zum Zölibat entschlossen. «Die Verstrickung in das Weib» war gelöst, im Alter von 32 Jahren. Fortan lebte Augustinus vollkommen keusch.

Bereits mit 19 Jahren war in Augustinus, bei der Lektüre einer philosophischen Erbauungsschrift, der Wunsch nach einem keuschen und nur dem Studium der Weisheit hingegebenen Leben erwacht. Allerdings hatte er damals bereits einen Sohn, der stammte aus einer eheähnlichen Verbindung («concubinatus») mit einer Afrikanerin. Diese Verbindung dauerte 15 Jahre, und die beiden haben einander zweifellos geliebt.

In den besseren Kreisen der damaligen Gesellschaft war das Konkubinat eine durchaus übliche und auch legale Form der Regelung des Liebeslebens der jungen Herren vor der offiziellen und standesgemäßen Heirat. Die entsprechenden Mädchen stammten aus einfacheren Kreisen und wurden zum gegebenen Zeitpunkt «entlassen».

Das hatte auch Augustinus getan, einige Monate vor seiner «Bekehrung», und zwar auf Betreiben seiner Mutter Monica. Diese war Witwe geworden und nach Mailand gekommen. Sie war getaufte Christin und drängte den Sohn zu einer Vernunftheirat. Tatsächlich wurde eine geeignete Braut gefunden, die hatte nur einen Fehler: sie war um zwei Jahre zu jung zum Heiraten. Mit der Unterzeichnung des Verlobungsvertrages war das Konkubinat unmöglich geworden. Augustinus schickte seine Frau zurück nach Afrika, der Sohn blieb bei ihm.

Für die Zwischenzeit hielt sich Augustinus eine Freundin.

Das war die Situation, in der sich Augustinus zur radikalen Keuschheit entschloß.

Ich interpretiere: Als triebstarker und rastloser Mann blickte Augustinus mit ähnlichem Unbehagen in die Zukunft wie die beiden jungen Beamten in Trier aus der Geschichte des Ponticianus. Die berufliche Karriere Augustinus' war auf ihrem Höhepunkt: in Mailand befand sich zu dieser Zeit der kaiserliche Hof. Dann noch die Ehe, eine Villa vielleicht, für die Sommermonate, am Lago Maggiore.

Dagegen stand ein anderes Ideal, der BIOS PHILOSOPHIKOS, die philosophische Lebensweise, weitab vom Getriebe, nur dem Studium der Wahrheit hingegeben.

Eine Philosophenkolonie, auf einem Landgut.

Im Freundeskreis des Augustinus war dieses Projekt allen Ernstes diskutiert worden, inklusive Gütergemeinschaft. Zehn Herren wollten sich auf diese Weise zusammentun, alle aus gutem Hause, einige mit Vermögen.

«Nachher aber begann man zu überlegen, ob die Frauen, die einige von uns schon hatten, während wir anderen sie noch haben wollten, das Ganze zulassen würden, und da zerrann uns der schön ausgearbeitete Plan unter den Händen, er zerbrach und wurde verworfen.»

Einige Jahre später, als Augustinus bereits Bischof im nordafrikanischen Hippo Regius war, hat er die Idee einer Weisheitskommune verwirklicht, ohne Frauen, als klösterlicher Männerbund.

Meine These: Die klösterliche Abseitshaltung vorindustrieller intellektueller Eliten war eine abwehrende Reaktion auf die rigide Familienordnung, ein Protest gegen lebenslanges Gebundensein an Ehepartner und Kind, inklusive Geldwesen und gesicherter Existenz. Der Preis für die gesicherte Existenz war manchen zu hoch, sie wollten höher hinaus.

Geschlechtsekel, Frauenhaß: Das sind dann die Katalysatoren für neue chemische Verbindungen im libidinösen Haushalt.

37 Aus dem Leben des Buddha († um 480 v. Chr.):

Als der Erhabene im siebten Jahr seiner Verheiratung lebte, begab er sich während einer schlaflosen Nacht in seinen Harem. Alle Frauen schliefen, und der Erhabene wandelte zwischen ihnen umher. Als nun der Erhabene so zwischen den Frauen umherwandelte und sie eingehend betrachtete, da war ihm auf einmal, als ging er unter lauter Leichen umher. Einer Frau rann Speichel aus dem geöffneten Mund, eine andere hatte der Schlaf wie in plötzlich geschehenem Tode zusammengekrümmt, eine dritte lag reglos und blaß auf dem Rücken, als sei sie für immer entschlummert. Ach, sprach da der Buddha, wie unbeständig und flüchtig ist doch die weibliche Schönheit, wenn schon der Schlaf sie so zu entstellen vermag! Und trat hinaus in die Nacht und entwich aus dem Palast seines Vaters, enthielt sich fortan der Frauen, wurde ein Mönch und gelangte zur wahren Erleuchtung.

Wie Augustinus – aber um 1000 Jahre früher – produziert der Buddha jene Ekelgefühle, deren Antriebskraft ihm den Start in eine ökonomisch und familiär unabhängige Existenz ermöglichen. Das Unbehagen des jungen Prinzen am Geltenden sucht sich einen faßbaren Gegner und findet ihn im Weibe.

In der Abwertung des Weibervolks gewinnt der konsequente Zölibatär sein seelisches und hormonelles Gleichgewicht, von Buddha bis Schopenhauer. Nicht einmal der verheiratete Sokrates kann ein Gegenbeispiel abgeben; seine Ehe mit Xanthippe hat nur als ironische Lebensweise einen Erinnerungswert.

Die lange literarische Litanei der asketischen Mönche, Philosophen 38
und Priester wird erstmals im Mittelalter unterbrochen, durch eine intelligente junge Frau. Sie hieß mit Vornamen Heloise und war die Nichte eines gewissen Fulbert, welcher als wohlhabender Kanonikus in Paris lebte. Onkel Fulbert hatte es übernommen, für die höhere Bildung der schönen Heloise zu sorgen. Die dritte Person des Dramas heißt Peter Abaelard, Kleriker und Theologieprofessor. 1113 hatte er in Paris eine Schule für Philosophie und Theologie eröffnet. Er war damals 34 Jahre alt. Fulbert nahm ihn zum Hauslehrer für Heloise.

Die junge Dame wurde schwanger, und Abaelard brachte sie – so jedenfalls hat er die Sache dargestellt – in seine Heimat in der Bretagne und bewog sie zu einer nicht-öffentlichen Heirat. (Eine offizielle Ehe hätte seine Karriere als Theologieprofessor beendet, wegen der kirchlichen Vorschriften.)

Über diese Schande war wiederum die Verwandtschaft der Heloise erbittert; Abaelard wurde eines Nachts überfallen und entmannt. Die Gewalttäter wurden bestraft, aber für Abaelard und Heloise blieb kein anderer Ausweg als ins Kloster zu gehen. Sie taten dies am selben Tag – er in Saint Denis, sie in Argenteuil.

Einige Briefe der Heloise an Abaelard sind erhalten geblieben. Obwohl im Kloster geschrieben, ist ihr Ton gefühlsklar und ungebrochen:

«Nichts habe ich je an Dir gesucht als Dich. Rein Dich und nicht das Deine habe ich begehrt, keinen Ehebund, keine Morgengabe erwartet. Und wenn der Name einer Gattin für heiliger und gesünder gilt – mir war immer das Wort Freundin lieber, sogar Bettschatz oder Dirne. Hätte mich Augustus auf seinem Weltenthron der Ehre seiner Ehe gewürdigt und mir die ganze Erde zum dauernden Besitz verschrieben – kostbarer schien es mir und würdiger, Dein Bettschatz zu heißen als seine Kaiserin.»

Heloise kritisiert mit erstaunlicher Treffsicherheit die Ökonomie der herkömmlichen Ehe, in der aus Liebespaaren Partner im Besitzstreben werden. Gleichzeitig liegt es ihr fern, deshalb die sinnliche Liebe zu denunzieren:

«Alle die Freuden der Liebenden, die wir gemeinsam erlebten, waren mir so süß, daß sie mir nicht häßlich vorkommen und dem Gedächtnis nicht entfallen wollen.»

Mitten in der feierlichen Messe, Heloise gesteht es in ihren Briefen, erinnert sie sich ans Liebeslager, und ihr Bedauern gilt weniger der Störung einer vorgeschriebenen Andacht als ihrer gekränkten Weiblichkeit. Sie hat klar gesagt, was sie für wünschenswert hielt: Eine außereheliche Liebesbeziehung ohne Soll und Haben, jenseits von Dein und Mein.

Sie dürfte mit diesem Wunsch nicht allein stehen.

Daß sie für ihn bestraft wurde, konnte sie nicht beirren. Sie hat aus der Not keine Tugend gemacht, und deshalb ist ihre Haltung lehrreich. Hätte sie sich brechen lassen und ihre Beziehung zu Abaelard als «Jugendsünde» bereut, dann wäre sie als fromme Büßerin vielleicht in den Heiligenkalender gekommen, als leuchtendes Vorbild fürs Opferbringen und freudige Verzichtleisten.

So aber hat sie noch in der Kutte Widerstand geleistet, und die Opfertheoretiker haben bei ihr das Nachsehen.

Über den Ausgang der Schwangerschaft Heloisens habe ich in den Quellen nichts finden können.

Zehnte Lektion

Das fünfte, was die Anfänger lernen müssen, ist der Glaube an Wunder

Zuerst kommt eine Geschichte. In ihr ist – für mich – alles enthalten, 39
was ich mit meinem Buch ausdrücken möchte. An ihren Reaktionen auf sie können die Anfänger testen, inwieweit sie meinem Unterricht gefolgt sind. Die Geschichte stammt aus dem 13. Jahrhundert; sie ist eine italienische Volkslegende, und ihr Gegenstand sind Franz und Klara von Assisi.

Hier ist der Originaltext:

Eines Tages kamen Franz und Klara von Spello gen Assisi und wurden dabei nicht wenig beunruhigt. Sie waren nämlich für eine Weile in ein Haus getreten, wo man ihnen auf ihre Bitte etwas Brot und Wasser gab. Aber dabei hatten sie böse Blicke auf sich gezogen, und sie mußten peinliches Geflüster mit versteckten Anspielungen und Witzen hinnehmen. Schweigend gingen sie weiter. Es war die kalte Jahreszeit und das Land ringsum mit Schnee bedeckt. Schon begann es am Horizont zu dunkeln. Plötzlich sagte Franz:

Schwester, hast du verstanden, was die Leute von uns gesagt haben? Klara gab keine Antwort. Ihr Herz war wie von Zangen gepeinigt, und sie spürte, wenn sie etwas sagen würde, hätte sie die Tränen nicht unterdrücken können.

Es ist Zeit, uns zu trennen, sagte schließlich der heilige Franz; du wirst noch vor dem Einbrechen der Nacht im Kloster sein. Ich werde allein gehen und von weitem folgen, wie Gott mich führt.

Da warf sich Klara mitten auf dem Wege in die Knie. Nach einer Weile hatte sie sich gefaßt, stand auf und ging gesenkten Hauptes weiter, ohne rückwärts nach ihm zu schauen.

Der Weg führte durch einen Wald. Auf einmal hatte sie nicht mehr die Kraft, so ohne Trost und Hoffen, ohne ein Abschiedswort von ihm zu gehen. Sie wartete.

Vater, sagte sie, wann werden wir uns wiedersehen?

Wenn der Sommer wiederkommt, wenn die Rosen blühen. Da geschah etwas Wunderbares. Auf einmal war ihnen, als blühten ringsum auf den Dolden der Wacholdersträucher und auf den von Reif bedeckten Hecken eine Unzahl von Rosen.

Nach dem ersten Staunen eilte Klara hin und pflückte einen Strauß von Rosen und legte ihn Franz in die Hände. Von diesem Tage aber waren Franz und Klara nie mehr getrennt.

In der Geschichte ist – für mich – nur ein einziger falscher Ton:

Während Franz seine Klara mit «Schwester» anredet, spricht sie ihn mit «Vater» an.

Sonst aber stimmt alles.

Diejenigen Anfänger, die sich von der Geschichte angesprochen fühlen (die mit ihr einverstanden sind, denen sie gefällt usw.), dürfen den nächsten Abschnitt (Nr. 40) überblättern.

40 Hier ist ein kurzer Kommentar zur Geschichte vom Rosenwunder (siehe Nr. 39). Die Numerierung des Kommentars bezieht sich auf die Lektionen 1–9, was zugleich eine Art Wiederholung des bisher durchgenommenen Lehrstoffes ist.

1 Die Bewegungsrichtung der Legende ist bestimmt durch: Nähe, Niedrigkeit, Heimlichkeit.

2 Die von Franz und Klara gewählte Lebensform ist rücksichtslos.

3 Der Inhalt der Legende enthält keinerlei Begriffsbestimmung (Definition).

4 Die Legende enthält keine Täuschungsabsicht (Mystifikation).

5 Die Tendenz der Legende ist außenseiterisch und

6 undogmatisch.

7 Das Verhalten der beiden Personen ist direkt und spontan.

8 Klara nimmt Rücksicht auf ihre Bedürfnisse (Trost, Hoffnung, Abschiedswort).

9 Die Hindernisse fürs Liebesglück kommen von außen und werden als solche erkannt und beantwortet. Eine Verinnerlichung dieser Hindernisse (durch Opferbringen) findet nicht statt.

Das Rosenwunder signalisiert die sinnliche Unterbrechung der (schlechten) Wirklichkeit, ja deren Verwandlung. Es ist, weil in den handelnden Personen fundiert, nicht-illusionär. Es geschieht im Augenblick, mithin zeitlos (= ewig). Nachher sind die handelnden Personen nicht mehr dieselben wie vorher.

Die Geschichte enthält keine Antwort auf die Frage, ob die Rosen «in Wirklichkeit» (tatsächlich, zweifellos, bewiesenermaßen usw.) geblüht haben. Es liegt in der Absicht der Geschichte, diese Frage und das ihr zugrundeliegende Verhältnis des Fragenden zur Wirklichkeit überflüssig zu machen.

Skeptische Anfänger werden gebeten, die folgenden Fragen naturwissenschaftlich korrekt zu beantworten:

Ist es möglich, daß mitten im Winter und unter natürlichen Bedingungen Rosen blühen?

Die richtige Antwort lautet: ja, allerdings mit geringer Wahrscheinlichkeit.

Ist es möglich, daß auf Wacholdersträuchern Rosen wachsen?

Ja, mit noch geringerer Wahrscheinlichkeit.

Ist es möglich, daß mitten im Winter und unter natürlichen Bedingungen auf Wacholdersträuchern Rosen blühen?

Ja, mit äußerst geringer Wahrscheinlichkeit.

Diese (äußerst geringe) Wahrscheinlichkeit läßt sich mit jener vergleichen, derzufolge unter den im Kosmos herrschenden chemisch-physikalischen Bedingungen ein Himmelskörper entstehen konnte, auf dem sich leben läßt. Die Entstehung unserer Erde läßt sich, je nach weltanschaulicher Geschmacksrichtung, als Zufall oder als Wunder bezeichnen.

Allerdings ist die Kategorie des Zufälligen heute zeitgemäßer (moderner) als die des Wunderbaren.

Wer an Wunder glaubt, verhält sich unzeitgemäß.

Die Stadt Assisi (25 000 Einwohner) liegt in Italien, halbwegs zwi- 41
schen Florenz und Rom. Im Reiseführer (Michelin) hat sie drei Sterne; das bedeutet: eine Reise wert.

Die Hauptsehenswürdigkeiten von Assisi sind die Basilika San Francesco (drei Sterne), die Kirche Santa Chiara (zwei Sterne), die Burg (zwei Sterne), der Dom (ein Stern), die Piazza del Commune (ein Stern), die Via San Francesco (ein Stern), die Kirche San Pietro (kein Stern). In der unmittelbaren Umgebung von Assisi befinden sich der Eremo delle Carceri (zwei Sterne), die Kirche und das Kloster San Damiano (ein Stern), die Basilika Santa Maria degli Angeli (ein Stern).

Die Basilika San Francesco besteht aus zwei übereinander gebauten Kirchenräumen (der «unteren» und der «oberen» Basilika), einem Kreuzgang aus dem 15. Jahrhundert und einem Kloster. Der gesamte Komplex wird von den Franziskanern betreut. Die Franziskaner sind ein katholischer Männerorden. (Man unterscheidet drei Arten von Franziskanern: die «Minderbrüder», die «Kapuziner», die «Konventualen».) Die Franziskaner zählen zu den sogenannten «Bettelorden».

In der oberen Basilika gibt es Fresken von Giotto und eine Kreuzigung von Cimabue. In der unteren Basilika gibt es weitere Fresken von verschiedenen Künstlern.

In der unteren Basilika wurde kürzlich eine Anlage zur Beleuchtung der Fresken installiert. Die Kosten der Anlage belaufen sich auf etwa eine Million Schweizer Franken.

In San Damiano (3 km unterhalb von Assisi) wohnen die Klarissen. Die Klarissen sind ein katholischer Frauenorden. In den Arkaden vor der Kirche San Damiano ist eine Marmortafel zu sehen. Sie wurde nach dem Zweiten Weltkrieg angebracht und soll an jene Menschen erinnern, die in Konzentrationslagern sterben mußten. Die Kosten für diese Tafel waren kaum sehr hoch.

Marmor ist in Italien relativ billig.

Franziskaner und Klarissen wurden von Franz von Assisi (1182–1226) gegründet. Das erste Mitglied der Klarissen war Klara von Assisi (1194–1253).

Franz und Klara waren ein Liebespaar.

Im Gegensatz zu Abaelard und Heloise (siehe Nr. 38) ließen Franz und Klara in ihrer Beziehung große Vorsicht walten. Ihre Ideen – eine Art frühkommunistischer Mystik – waren für sie nicht ungefährlich.

Wegen dieser Ideen wurden am 7. Mai 1318 die ersten vier radikalen Franziskaner in Lyon auf dem Scheiterhaufen verbrannt.

42 Franz und Klara ließen sich von folgender Zielvorstellung leiten:

Persönliche und kollektive Besitzlosigkeit.

Im Jahr 1322 bezeichnete die Generalversammlung der Franziskaner diese Auffassung als rechtgläubige Lehre. Der Papst verwarf sie als häretisch. Danach dauerte der Streit um die radikale Besitzlosigkeit nicht mehr sehr lange. Die kompromißlosen Franziskaner (genannt «Spiritualen», später «Fratizellen») wurden von der kirchlichen und weltlichen Obrigkeit bis ins 17. Jahrhundert strafrechtlich verfolgt. Der vollständige Sieg der gemäßigten Richtung wird durch die Installierung der Beleuchtungsanlage in der unteren Basilika (siehe Nr. 41) illustriert.

Ohne ihre Zielvorstellung wären Franz und Klara ein privates Liebespaar wie Abaelard und Heloise und die Legende vom Rosenwunder lediglich eine poetische Geschichte. (Rilke hat, in seinem «Stundenbuch», dem heiligen Franziskus ein Gedicht zugedacht.) Die Anfänger werden gebeten, zwischen privaten Wundern und Wundern mit Signalwirkung zu unterscheiden.

Hätte meine Mutter einen Haupttreffer gemacht, dann hätte es sich um ein privates Wunder (bzw. um einen glücklichen Zufall) gehandelt, um einen Vorfall ohne Signalwirkung für die Umgebung. Auch die in der Einleitung erwähnte Rückkehr des Wellensittichs hat keine Signalwirkung. Es handelte sich dabei um ein privates Wunder, gewirkt vom heiligen Antonius. Der heilige Antonius (von Padua) war ein Franziskaner und lebte von 1195 bis 1231. Wie es der heilige Antonius bewerkstelligte, 700 Jahre nach seinem Tod meiner Mutter einen Gefallen zu tun, ist eine offene Frage. Die Wahrscheinlichkeit, daß ein Wellensittich aufgrund einer Intervention des heiligen Antonius wiedergefunden werden kann, schätze ich auf 10^{-15}, das ist 0,000000000000001.

Meine Mutter spendierte dem heiligen Antonius trotzdem eine Kerze. Sie glaubte an Wunder, mit und ohne Signalwirkung.

Franz und Klara glaubten, wie gesagt, an die individuelle und kollektive Besitzlosigkeit. Für sie stellte diese Lebensauffassung eine Alternative zur geläufigen Wirtschaftsordnung dar. Diese Wirtschaftsordnung drückt sich heute wie damals durch die Verwendung besitzanzeigender Fürwörter aus, zum Beispiel:

Mein Hemd, meine Wohnung, meine Uhr, mein Auto, meine Fabrik. Meine Frau, mein Mann, unsere Kinder. Unsere (nationale) Fußballmannschaft.

In einer franziskanischen Weltsprache würde es keine besitzanzeigenden Fürwörter geben und auch keine Vokabel für «Krieg».

Die Entstehung einer solchen Sprache wäre ein Wunder, mit realen Konsequenzen für jedermann.

Sozusagen ein öffentliches Wunder.

Franz und Klara haben an dieses Wunder geglaubt. Ihr Glaube ist enttäuscht worden.

Daß ihr Glaube enttäuscht wurde, ist kein Wunder. Franz und Klara haben um mindestens 1000 Jahre zu früh gelebt.

Kirche und Kloster San Damiano liegen einsam zwischen Olivengär- 43
ten und Feldern. Die Besichtigungszeiten sind von 8 bis 12 Uhr 30 und von 14 Uhr bis zum Abendläuten.

Die Kirche San Damiano ist klein. Als Franz von Assisi geboren wurde, gehörte sie dem Benediktinerorden. Sie war bereits damals ziemlich alt und begann zu verfallen.

Im Jahre 1206 geschah in San Damiano ein Wunder.

Franz – er war damals 24 Jahre alt – kam während eines Spazierganges auf den Gedanken, in der Kirche San Damiano ein Gebet zu verrichten. Er trat ein und betete vor einem Bild des Gekreuzigten. Da kam vom Kreuz eine milde Stimme:

Franz, siehst du denn nicht, wie mein Haus zerstört wird? Geh und stelle es wieder her!

Franz dachte, er solle San Damiano restaurieren.

Er lief nach Assisi zurück, ins väterliche Textilgeschäft. (Der Vater war verreist.) Er nahm einige Stoffballen, lud sie auf ein Pferd und ritt zum Markt in Foligno, wo er die Stoffe und das Pferd verkaufte. Jetzt hatte er Geld zur Renovierung von San Damiano.

Die sogenannte «Drei-Gefährten-Legende», in der diese Geschichte enthalten ist, schildert in der Folge den Skandal, den das Verhalten des Franz auslöste. Der Vater verlangte das Geld zurück, der Bischof von Assisi vermittelte zwischen Vater und Sohn, und Franz erklärte sich bereit, das Geld zurückzugeben. Nun wörtlich:

Rasch begab er sich in ein Gemach des Bischofs, und nachdem er sich aller seiner Kleider entledigt hatte, kam er nackt zurück, legte Kleider und Geld vor dem Bischof und vor seinem Vater in Gegenwart der anderen nieder und sprach: Bis jetzt nannte ich Pietro Bernardone meinen Vater; aber weil ich den Vorsatz habe, Gott zu dienen, gebe ich dem Bernardone das Geld zurück, dessen Verlust ihn erregt hat, nebst den Kleidern, die ich von ihm habe. Und von nun an will ich nicht mehr sagen «Vater Pietro Bernardone», sondern «Vater unser, der du bist im Himmel».

Wie es Jesus Christus bewerkstelligte, 1200 Jahre nach seinem Tod dem Franz von Assisi einen Auftrag zu geben, ist eine offene Frage. Skeptische Anfänger werden dazu neigen, die Stimme des Gekreuzigten als Halluzination zu bezeichnen. Leichtgläubige Anfänger werden die Stimme als göttliche (aus dem Jenseits kommende) Botschaft verehren.

Mein Vorschlag: Man bewerte die Stimme des Gekreuzigten als (seltenes) psychotropes Ereignis (siehe Nr. 23) und stelle die Frage:

Was folgt daraus?

Die wunderbare Stimme von San Damiano hat nicht nur im seelischen Haushalt des Franz eine erstaunliche Veränderung bewirkt (Bruch mit der Familie, neue Lebensform); sie setzte darüber hinaus eine Art gesellschaftlicher Kettenreaktion in Gang, so daß innerhalb weniger Jahre Tausende Menschen ihr Leben in ähnlicher Weise veränderten, wie Franz es getan hatte. Unter diesen Menschen befand sich auch Klara.

In einer Frühlingsnacht des Jahres 1212 entfernte sich Klara heimlich aus dem Haus ihrer (adeligen) Eltern. Sie war 18 Jahre alt. An einem vereinbarten Treffpunkt wartete Franz mit einigen Gefährten. Klara entledigte sich ihrer Schmuckstücke, Franz schnitt ihr die Haare ab und brachte sie in ein Nonnenkloster. Damit war Klara der Gewalt ihrer Eltern entzogen.

Im darauffolgenden Winter geschah das Rosenwunder. Danach zog Klara nach San Damiano, als Nonne. Der Benediktinerorden verzichtete auf seine Besitzrechte, und bald gab es in San Damiano eine Wohngemeinschaft von Frauen und Mädchen, unter dem Schutz des Papstes.

Der Schlafraum und das Speisezimmer der weltflüchtigen Frauen sind bis heute erhalten geblieben, in unverändertem Zustand.

Im Sommer des Jahres 1225 verbrachte Franz einige Wochen im Kostergarten von San Damiano. Er wohnte in einer Schilfhütte, schwer krank und völlig erschöpft. An seinem Körper war ein Wunder geschehen, ein schmerzliches, mit großer Signalwirkung. An den Händen und Füßen hatte Franz die Nagelwunden des Gekreuzigten.

Es blühten die Rosen.

Franz verfaßte ein Gedicht, den sogenannten «Sonnengesang», im Dialekt seiner Heimat. Er hat es Klara und den anderen Frauen vorgesungen, im Speisezimmer, nach dem Essen. Die Melodie ist verlorengegangen.

Gestorben ist Franz ein Jahr später, und alsbald begannen die gemäßigten Franziskaner die Vorbereitungen für den Bau der Basilika in Assisi, sehr zum Ärger der ersten Gefährten des Franz. Auch Klara dürfte über die Baugerüste nicht sonderlich glücklich gewesen sein.

Die ersten Gefährten, aus den Jahren 1209 und 1210: Bernardo, Egidio, Angelo, Leo, Rufino, Junipero, Masseo.

An der Spitze der gemäßigten Richtung stand Elia, einer der ersten akademisch gebildeten Franziskaner. Bevor er zu Franz stieß (um 1215), war er Notar gewesen. Ab 1221 war er der Generalbevollmächtigte der Franziskaner.

Nach dem Tod des Franz ließ Elia auf dem Bauplatz in Assisi eine marmorne Schale aufstellen, zum Zweck der Einsammlung frommer Geldspenden für die Basilika.

Bruder Leo erschien eines Tages mit einigen Genossen auf der Baustelle und zertrümmerte die Opferschale. Bruder Elia ließ ihn dafür von den Arbeitern verprügeln.

Wie man sieht, können verschiedenartige Auffassungen von Mystik gelegentlich zu Gewalttätigkeiten führen.

Daß die Auffassung des Elia siegreich geblieben ist, wurde bereits gesagt. Entsprechend unserer fünften Lektion schlagen wir uns daher auf die Seite Klaras und des Bruder Leo.

Bruder Leo wohnte an dem Ort, wo Klara mit 18 Jahren ihre Haare gelassen hatte. Der Ort hieß «Portiuncula» und lag unten im Tal. Es gab dort eine kleine Kapelle, und Franz hatte sie renoviert. Auf dieser kleinen Parzelle (das ist die Bedeutung des Ortsnamens) hatte Franz mit seinen ersten Gefährten gelebt, mit Billigung des Benediktinerordens, dem die Kapelle gehörte.

(Heute steht diese Kapelle in einer mächtigen barocken Basilika, genannt Santa Maria degli Angeli.)

Bruder Leo konnte schreiben.

Mit Rufino und Angelo stellte er eine Sammlung von Geschichten aus dem Leben des Franz zusammen, im Jahr 1246. Sie wurde 20 Jahre später von der obersten Behörde der Franziskaner verboten, nachdem ein gewisser Bonaventura die Standardbiographie des Franz verfaßt hatte.

Bonaventura (= Giovanni da Fidanza, 1217–1274) war ein Franziskaner der zweiten Generation, Doktor und Professor der Theologie, General des Ordens von 1257–1274, zuletzt auch Kardinal. Er gehörte zur gemäßigten Richtung. Mit dieser Richtung war Leo keineswegs einverstanden, und so fuhr er fort, heimlich seine Erinnerungen an Franz zu Papier zu bringen. Sobald er ein Pergamentblatt vollgeschrieben hatte, brachte er es nach San Damiano, zu den Klarissen.

Dieser Geheimhaltungsvorgang entspricht dem, was unter Nr. 9 über die oppositionelle Mystik gesagt wurde.

Mehrere alte Handschriften, in denen die Notizen des Bruder Leo aufgenommen sind, wurden von der gelehrten Forschung der Neuzeit entdeckt und veröffentlicht. Auf diese Weise kann man – was in der Geschichtswissenschaft ein eher seltener Vorgang ist – einige Nachrichten über die Lebensauffassung der Besiegten erhalten. Im Fall der besiegten Franziskaner war diese Lebensauffassung ebenso einfach wie wirklichkeitsfremd:

Radikale Besitzlosigkeit.

Kein Privateigentum, kein Gruppeneigentum. Eine nach diesem Grundsatz organisierte Menschenwelt ist von der unsrigen so sehr verschieden, daß sie kaum vorstellbar ist. Was am Kommunismus utopisch anmutet, kann in San Damiano besichtigt werden, von 8 bis 12.30 Uhr und von 14 Uhr bis zum Abendläuten.

44 Aus den Aufzeichnungen Bruder Leos:

Einst kam der Papst nach San Damiano, um mit Klara über die himmlischen Dinge zu sprechen. Nachdem sie sich lange über den Weg des Heils und die Herrlichkeit Gottes unterhalten hatten, ließ Klara für ihre Schwestern Brote auftragen, damit sie der Papst segne. Klara kniete nieder und bat den Papst um den Segen für die Brote.

Da sprach der Papst: Meine teuerste Tochter! Es ist mein Wille, daß du selbst die Brote segnest.

Klara: Heiligster Vater, erlaßt mir dies! Tadelnswert müßte ich sein, wollte ich niedriges Weiblein mir herausnehmen, dergleichen Segen zu sprechen.

Der Papst: So befehle ich dir, das Zeichen des Kreuzes über diese Brote zu machen.

So segnete denn Klara die Brote mit großer Andacht, und alsbald erschien auf jedem Brotlaib ein schön geprägtes Kreuz.

Staunend betrachtete der Papst die Kreuze, dankte Gott dafür und gab den Frauen freudig seinen Segen.

Schon wieder ein Wunder!

Ich interpretiere: Der Papst in der frommen Legende ist Gregor IX. und regierte von 1227–1241. Es handelte sich um einen geborenen Grafen Hugolin (Ugolino) von Segni, der war 1206 Kardinalbischof von Ostia geworden und protegierte ab 1218 die Genossenschaft des Franz von Assisi. Er gehörte zur gemäßigten Richtung. Gegenüber den Klarissen bestand er darauf, daß sie ihre Lebensweise an die alten Regeln des Benediktinerordens anglichen. (Klara mußte daher den Titel einer Äbtissin tragen.) Lediglich das offizielle Privileg der vollkommenen Besitzlosigkeit, das Innozenz III. den Klarissen gewährt hatte, erneuerte Ugolino, im Jahr 1228. Klara war in diesem Punkt weitaus kompromißloser als Franz. In den Klara-Legenden wird folgender Wortwechsel berichtet:

Als der Papst wegen der unruhigen Zeiten Klara drängte, gewisse Besitzungen anzunehmen, und sie sich hartnäckig weigerte, sagte er: Wenn du wegen des Gelübdes der Armut Bedenken hast, dann sprechen wir dich von dem Gelübde frei.

Klara: Heiliger Vater, ich wünsche keineswegs, und dies ein für allemal, von der Nachfolge Christi dispensiert zu werden.

Dieser Wortwechsel gibt den Inhalt der Gespräche an, den der Heilige Vater mit Klara über den «Weg des Heils» (siehe oben) führte. Bezüglich dieses Weges wich die Ansicht Klaras von der des Papstes erheblich ab.

Die Ansichten Klaras waren, wie jene des Leo und der frühen Gefährten, oppositionell und minderheitlich. Klara hatte infolgedessen Grund zur Vorsicht. Zum Zeichen für ihre kirchentreue Gesinnung bittet sie den Papst um den Segen über die Brote.

Daß der Papst dann seinerseits Klara den Segensspruch überläßt, ist – nach meiner Interpretation – eine theologische Tendenz in der Wunderlegende. Diese Tendenz besagt, daß Klara – als Frau von den priesterlichen Segenskräften von vornherein ausgeschlossen – das Privileg der gesalbten und geweihten Männer sozusagen gegen ihren Willen, mit leichter Hand und überlegener Wirkung widerlegt.

Eine unter frommen Ergebenheitsformeln listig versteckte Ketzerei.

Nach dem Tod des neunten Gregor setzte Klara ihren Kampf um die franziskanische Idee hartnäckig fort. (Die letzten 20 Jahre ihres Lebens war Klara krank und häufig bettlägerig.) Tatsächlich erlangte sie 1247 vom vierten Innonzenz die Lösung von der Benediktinerregel, und 1253, am 9. August, die päpstliche Bestätigung ihrer eigenen Regel, inklusive radikaler Besitzlosigkeit. Am 11. August ist Klara dann gestorben.

Daß sie ihren Willen gegen Ende doch durchgesetzt hat, grenzt an ein Wunder.

Es gilt der Merksatz, streng nach der Wahrscheinlichkeitsmathematik:

Auch Ereignisse mit der Wahrscheinlichkeit Null können eintreten.

Elfte Lektion

Das sechste, was die Anfänger verlernen müssen, ist die Trauer um den verlorenen Kinderglauben

45 Hier ist der Schluß einer Predigt, die ich am 6. Mai 1956 gehalten habe:

«Mein Fleisch ist wahrhaft eine Speise, sagt Christus. Für alle Menschen, nicht nur für diese Kinder, die heute das Glück haben, zur ersten heiligen Kommunion gehen zu dürfen. Wäre es nicht die größte Gnade, wenn ein Vater, eine Mutter, eine Nachbarin oder etwa gar ein Vorübergehender aus dem Glanz dieser Kinderaugen eine Ahnung mit sich nehmen würde, daß sein Leben kalt und trostlos ist ohne die Geborgenheit in Gott, ohne die Speise Gottes, zu deren Genuß ihn Christus einlädt geradeso wie diese Kinder? Und so wäre es unser Wunsch, daß wir alle aus dem unschuldigen Geschehen dieser Stunde wieder ein wenig Glauben an das Gute in dieser Welt, ein wenig Zuversicht mitnehmen möchten, daß Gott immer noch lebt und die Seinen nicht vergißt. Daß Gottes Liebe zu uns Menschen so groß war, daß er uns sogar erlaubt hat, ihn zu essen. Wenn ihr nicht so werdet wie die Kinder, spricht Christus, dann werdet ihr nicht eingehen in das Reich der Himmel. Wann hätten diese Worte mehr Bedeutung als am heutigen Tag? Unsere Kinder sind heute wahrhaftig unser Vorbild. So wie sie sollten auch wir wieder zur Kommunionbank finden – einfältig und mit der Sehnsucht im Herzen. Mit der Sehnsucht nach Gott im Herzen wieder zu Kindern werden, die nach Liebe verlangen. Amen.»

Die Zuhörer sagten: Vergelt's Gott.

Die Zuhörer sagten immer dann «Vergelt's Gott», wenn ich «Amen» sagte. Zwar änderte sich, in den 20 Jahren meiner Tätigkeit als Prediger, die Art meiner Predigten. Im Lauf der Zeit hörte ich auf, Formulierungen wie «Glanz dieser Kinderaugen» oder «ein wenig Glauben an das Gute in dieser Welt» zu verwenden. An dem Brauch, eine jede Predigt mit «Amen» zu schließen, hielt ich jedoch bis zu meiner letzten Predigt (im Mai 1973) fest. Auch nach meiner letzten Predigt sagten die Zuhörer: Vergelt's Gott.

Die Zuhörer hielten an dem Brauch fest, auf das «Amen» des Predigers das «Vergelt's Gott» zu sagen. In Wien besuchen etwa zehn Prozent der getauften Katholiken regelmäßig den Sonntagsgottesdienst und die Predigt. Die regelmäßigen Gottesdienstbesucher werden «praktizierende Katholiken» genannt, im Gegensatz zu den sogenannten «Taufscheinkatholiken».

Die Taufscheinkatholiken gehen, wenn überhaupt, nur sehr selten zum Gottesdienst.

Die Zuhörer meiner Predigten setzten sich aus praktizierenden Katholiken zusammen. Manchmal allerdings kamen auch Taufscheinkatholiken, zu bestimmten Anlässen, wie beispielsweise am Tag der «ersten heiligen Kommunion». Die Mehrzahl der Eltern der «Erstkommunionkinder» waren Taufscheinkatholiken. Sie besuchten, wenn überhaupt, nur sehr selten den Sonntagsgottesdienst.

An dem Tag der ersten heiligen Kommunion ihrer Kinder begleiteten sie diese zur kirchlichen Feierstunde, und manche ließen sich sogar dazu überreden, ihrerseits zur Kommunion zu gehen. Für viele Eltern war diese Kommunion die erste seit ihrer Eheschließung. Manche Eltern sagten zu mir:

Aber ich bin doch schon seit 20 Jahren nicht mehr bei der Kommunion gewesen!

Bei der Vorbereitung meiner Erstkommunionpredigt dachte ich an die taufscheinkatholischen Eltern. Es bekümmerte mich, daß diese Eltern so selten zur Kirche und zur Kommunion gingen. Ich wählte aus meinem damaligen Wortschatz jene Wörter, die in den taufscheinkatholischen Erstkommunioneltern eine Geneigtheit zum öfteren Empfang der Kommunion bewirken sollten. Ich sprach daher von der Kälte und Trostlosigkeit eines Lebens ohne Geborgenheit in Gott, von der Sehnsucht nach Gott, von der Zuversicht, daß Gott immer noch lebt.

An der Zusammensetzung der regelmäßigen Zuhörer meiner Predigten änderte sich nichts.

Am 15. Mai 1957 – wiederum anläßlich einer Erstkommunionfeier – probierte ich es mit Mahnungen und Drohungen. Ich sagte:

«Mit Trauer müssen wir feststellen, daß die Bereitwilligkeit der Eltern gegenüber der Arbeit der Kirche an ihren Kindern von Jahr zu Jahr eher nachzulassen scheint. Je höher der Lebensstandard, desto niedriger der Seelenstandard, möchte man fast sagen. Und doch, wer hätte mehr Erfahrung, sich um die Seelen der Kinder zu kümmern in wahrer Seelsorge, als die alte, weise, gütige Kirche? Auch wenn sie streng ist, immer bleibt sie eine Mutter. Ohne die Hilfe der Eltern vermag allerdings die Kirche nur wenig, die Gnade fließt spärlicher, die Katastrophen häufen sich. Die Zahl der Irrsinnigen, die in Anstaltspflege sind, nimmt ständig zu. Der Prozentsatz der schwererziehbaren Kinder ist im Ansteigen. Hier aber sind die Heilmittel – sie werden jedoch zu wenig benützt.»

Am Ende dieser Predigt sagten die Zuhörer: Vergelt's Gott.

Meine nächste Erstkommunionpredigt hielt ich am 30. Mai 1958. In ihr stellte ich die Frage:

«Begreifen nur die alten Leute und die Kinder das Geheimnis des Leibes Christi?»

Es handelte sich um eine sogenannte rhetorische Frage. Die – ebenso rhetorische – Antwort wurde nicht gegeben. Sie lautete: Ja. Indem die Zuhörer dazu provoziert wurden, sich diese Antwort stillschweigend zu geben, sollte in ihnen (und hauptsächlich in den Taufscheinchristen unter ihnen) eine Betroffenheit bewirkt werden. Ob diese Wirkung erreicht wurde, weiß ich nicht. Die Zuhörer sagten es mir nicht. Sie sagten:

Vergelt's Gott.

Im nächsten Schuljahr begann ich am Gymnasium Religion zu unterrichten, wodurch meine Tätigkeit als Lehrer von Erstkommunionkindern beendet wurde. (Die erste heilige Kommunion wird während der Absolvierung der Grundschule erteilt, gegen Ende des zweiten Schuljahres.)

Insgesamt habe ich rund 1000 Predigten gehalten, fast immer vor praktizierenden Katholiken. Was immer ich sagte, wie immer ich sprach – die Taufscheinkatholiken kamen nicht in die Kirche. Sie hatten andere Dinge im Kopf. Sie stellten die überwiegende Mehrheit der Bevölkerung dar.

Ich gelangte zur Auffassung, daß die überwiegende Mehrheit der Bevölkerung an der Religion desinteressiert sei. Gleichwohl blieb zu bedenken, daß die überwiegende Mehrzahl der Bevölkerung die gesetzlich vorgeschriebene Kirchensteuer bezahlte. (Die Einrichtung der Kirchensteuer gibt es in Österreich, in der Bundesrepublik Deutschland und in einigen Schweizer Kantonen; in den übrigen christlichen Ländern werden freiwillige Spenden erhoben.)

In Österreich besteht der Brauch, daß der Kirchendiener beim Einsammeln der Geldspenden während des Gottesdienstes eine bestimmte Dankesformel verwendet. Er sagt: Vergelt's Gott.

46 Der Unterrichtsgegenstand, den ich als Lehrer an der Grundschule bzw. am Gymnasium unterrichtet habe, heißt «Religion». In Wirklichkeit habe ich jedoch die katholische Glaubens-, Sitten- und Frömmigkeitslehre unterrichtet. «Religion» ist ein moderner Begriff und als solcher etwa 300 Jahre alt.

Die Wortgeschichte von «Religion» geht auf das Lateinische zurück. (Im Altgriechischen und auch im Hebräischen gibt es kein entsprechendes Wort für das lateinische «religio», auch im Sanskrit nicht.) Was die alten Römer (bevor sie ihr sogenanntes Imperium hatten) unter «religio» verstanden haben, ist auf eine simple Bauernfrömmigkeit zurückzuführen: die sorgfältige Beachtung und Durchführung bestimmter Riten, zum Zweck der Besänftigung der Naturkräfte. Ferner gab es Ahnengeister in jeder Großfamilie, sowie Haus-

und Hofgeister, sorgfältig betreut vom Chef der Sippe. Später, als es schon höher herging, baute man Tempel, beschäftigte Priester, importierte Götter aus dem Ausland.

Praktizierende Christen (Juden, Mohammedaner, Buddhisten usw.) sind im altrömischen Sinn «religiös»: weil sie fromme Bräuche sorgfältig und regelmäßig beobachten.

Im europäischen Mittelalter wurde das Lateinische zur Gelehrtensprache. Das Wort «religio» wurde von den Juristen beschlagnahmt, zur Bezeichnung der (christlichen) Männer- und Frauenorden.

Nach der Reformation bekam das Wort einen staatskirchenrechtlichen Sinn, als «Religionsbekenntnis». Eine berühmtgewordene Maxime (ab 1555, dem Augsburger «Religionsfrieden») räumte dem Landesfürsten das Recht ein, das Religionsbekenntnis seiner Untertanen zu bestimmen: Cuis regio, eius religio (wessen das Land, dessen die Religion). Dann begannen die Religionskriege in Europa, inklusive Dreißigjährigem Krieg, und vermittelten der Bevölkerung eine dauerhafte, intensive und eher unangenehme Beschäftigung mit der (katholischen bzw. protestantischen) «Religion». Nach 1648, dem Ende dieser Periode, begann man sich – zuerst in den Kreisen der Intellektuellen – zu fragen, ob die vielen Religionstoten in der Absicht Gottes gelegen hätten oder ob sie die Opfer der fürstlichen und pfäffischen Machtpolitik waren. In den aufgeklärten Salons begann man von einer «natürlichen Religion» zu sprechen als von einem Menschheitserbe quer durch Zeiten, Kulturen, Völker und Kirchen, einer uralten Beschäftigung mit dem «Höheren Wesen» seit eh und je, verdunkelt zwar durch Priestertrug und Aberglauben, aber edel in seinem Ursprung und durchaus nicht im Widerspruch zum Licht der Vernunft und Humanität. Lessings «Nathan» brachte solche Gedanken auf die Bühne, mit Tolerenzappell und Relativierung der bestehenden Glaubensanstalten, zu Nutz und Frommen der gebildeten Schichten. Die hielten sich zwar noch an ihren Taufschein, waren aber doch schon aufgeklärt genug, in Debatten um den richtigen Glauben den Grundsatz zu vertreten:

Hauptsache, man ist ein anständiger Mensch.

Dies war auch der Standpunkt meiner Großmama, der Frau Walch. Sie begab sich jeden Sonntag in die Wiener Hofburgkapelle, der Musik wegen. Sie liebte die Stimmen der Wiener Sängerknaben, die dort das feierliche Hochamt sangen. Das Tun des Priesters bezeichnete sie als «Hokuspokus».

Mit meinem Wunsch, Priester zu werden, brauchte sich die Frau Walch nicht auseinanderzusetzen. Sie starb im Jahr 1941, an Leberkrebs. Ich war damals 11 Jahre alt und beim «Deutschen Jungvolk» (einer Organisation der Hitlerjugend). Ans Priesterwerden dachte ich damals noch nicht. Die Wiener Sängerknaben singen immer noch in der Hofburgkapelle das feierliche Hochamt, an Sonn- und Feiertagen. (Eintrittskarten sind in den Theaterkartenbüros erhältlich.)

Die Einstellung meiner Großmama zur Religion war insofern radikaler als die der Taufscheinchristen, als meine Großmama aus der (katholischen) Kirche, in die sie hineingetauft worden war, ausgetreten ist. Sie war, seit sie erwachsen wurde, «konfessionslos». Ob sie an ein «Höheres Wesen» geglaubt hat, weiß ich nicht. Sie hat auf mich keinen religionskritischen Einfluß ausüben wollen, vielleicht in der Annahme, daß dies erst später geschehen solle. Unerbittlich war meine Großmama bei ihrer Erziehungsarbeit an mir nur in einem Punkt, der Wahrheitsliebe. Ehe ich in die Schule zu gehen anfing, hatte sie mir das Lügen gründlich abgewöhnt.

Sie hat damit die Grundlage dafür gelegt, daß ich das zweite Gebot Gottes für wichtiger halte als das dritte, vierte usw. Es lautet, wie bereits erwähnt (Nr. 5):

Verwende Gottes Namen nicht zur Täuschung der Menschen.

Vielleicht sollte ich hier nachtragen, daß meine Tante Rosa (Nr. 1, 2, 3) mit mir nicht leiblich verwandt war. Sie war eine Jugendfreundin der Frau Walch. Sosehr die Standpunkte der beiden Frauen hinsichtlich Religion voneinander abwichen, in einem Punkt konnten sie sich verständigen: In der Ablehnung der katholischen Kirche. Ob sie sich jemals über religiöse Fragen unterhalten haben, weiß ich nicht. Wahrscheinlich werden sie das Thema vermieden haben, um nicht streiten zu müssen.

Bezüglich der Hinwendung meiner Tante Rosa zu den Adventisten (inklusive nochmaliger Taufe) bemerkte die Frau Walch gelegentlich, in eher abwertendem Ton:

Die ist auf ihre alten Tage noch in die Salzach gestiegen, um sich taufen zu lassen, mitten im Winter!

(Der Fluß, der durch Salzburg fließt, heißt Salzach.)

Daß ein Mensch aus religiösen Beweggründen sich ins eiskalte Wasser eines Flusses begibt, überstieg die Fassungskraft meiner Großmama.

Mit meiner Großmama und der Tante Rosa würde ich mich gerne über Religion und Mystik unterhalten. Beide verfügten sie, jede auf ihre Weise und im Rahmen ihrer bescheidenen Möglichkeiten, über ein beachtliches Ausmaß an Radikalität. Beide haben sich, wenn auch mit verschiedenen Ergebnissen, Gedanken über die landläufige Religion gemacht und haben aus ihren Gedanken auch Konsequenzen gezogen. Beide haben der landläufigen (diesfalls katholischen) Religion den Rücken gekehrt, was zu ihren Zeiten einen gewissen Mut erforderte.

Meine Mutter ist katholisch geblieben, aber nicht aus Gedankenlosigkeit.

Das Gemeinsame in der Haltung dieser drei Frauen: Eine jede hatte hinsichtlich Religionsbekenntnis eine Entscheidung getroffen.

Eine solche Entschiedenheit in religiösen Angelegenheiten kann weiterempfohlen werden.

Der Gegenstand meiner Vorlesungen an der Universität (in Wien) 47
wird «Religionswissenschaft» genannt. Meine Aufgabe bestand darin, die Studenten mit den Ergebnissen der wissenschaftlichen Erforschung religiöser Phänomene bekannt zu machen. Die Studenten mußten eine Menge lernen, und ich mußte die Studenten prüfen, ob sie auch ordentlich gelernt hatten.

Das Berufsziel meiner Studenten: Katholischer Priester bzw. Religionslehrer.

Der Gegenstand meiner Vorlesungen war nicht die katholische bzw. christliche Religion. (Dieser Gegenstand wurde von anderen Professoren betreut.) Ich hatte vielmehr all das zu referieren, was außerhalb des Christentums an religiösen Formen und Gestalten anzutreffen ist, in Vergangenheit und Gegenwart. Auf diese Weise machte ich die Studenten mit den frommen Bräuchen im alten Ägypten und bei den Mayas bekannt, erzählte ihnen von steinzeitlichen Gräbern und afrikanischen Knabenweihen, behandelte das indische Mönchtum und die Seelenvorstellungen bei den Eskimo. Ich zitierte aus den Schriften der Philosophen, berichtete von Ausgrabungen, setzte mich mit den Theorien der Psychologen und Soziologen hinsichtlich Religion auseinander, verglich Kulturen miteinander, kommentierte die Kopfjägerei und die Verehrung des männlichen Gliedes.

Meine Vorlesungstätigkeit beruhte auf einer Voraussetzung, die hatte ihre Begründung in den Schriften diverser Gelehrter und Literaten aus dem 18. und 19. Jahrhundert, wie bereits erwähnt (Nr. 17, 46). Die Voraussetzung lautete: Alle Erscheinungen religiöser Art, so verschiedenartig sie auch sind, haben etwas gemeinsam, nämlich «religiös» zu sein. (Hätten sie gar nichts miteinander gemein, dann könnte man sie nicht mit einem gemeinsamen Namen – «Religion» – belegen.)

Diese Voraussetzung ist falsch.

Was (zum Beispiel) sollen meine Gefühle in der Seminarkapelle (Nr. 6) mit den Gefühlen einer Gruppe von Eingeborenen zu tun haben, die vor 100 Jahren irgendwo auf Kopfjagd gingen?

Nach Auffassung der Religionswissenschaft wären beide Gefühle «religiös». In Wirklichkeit haben sie ebensowenig miteinander gemeinsam wie eine Soldatin der Heilsarmee mit einer Tempeldirne.

Die Entstehung der Religionswissenschaft im 19. Jahrhundert geschah nach einem einfachen Rezept. Man nehme ein Wort («Religion»), blase es zu einem Begriff auf, behaupte das Vorhandensein dieses Begriffes in der Wirklichkeit aller menschlichen Kulturen einst und jetzt und belege sodann die verschiedensten Vorkommnisse mit diesem Begriff.

Dieses Konzept hatte Erfolg, und man gründete Lehrkanzeln für Religionsgeschichte.

Den Grund für den Erfolg der Religionswissenschaft auf akademischen Böden erblicke ich u. a. in der Zusammenarbeit von Kirchenbehörden und Staatskanzleien in der ersten Hälfte des 19. Jahrhunderts. Im österreichischen Kaiserstaat beispielsweise wurden im Jahr 1805 mehrere Lehrkanzeln für «Religionswissenschaft» errichtet. Die Urheber dieser religionspolitischen Maßnahme waren der kaiserliche Beichtvater von Darnaut und der kaiserliche Burgpfarrer Jakob Frint. Beide Herren waren – zehn Jahre nach der Niederschlagung revolutionärer Erhebungen in Österreich und Ungarn – mit Kaiser Franz I. für eine restaurative Politik der Gegen-Aufklärung. Frint erhielt die Lehrkanzel für Religionswissenschaft an der philosophischen Fakultät der Universität Wien und den Auftrag, ein für alle neuen religionswissenschaftlichen Lehrkanzeln verbindliches Lehrbuch zu verfassen.

Im österreichischen Vormärz haben Romantik und Religionswissenschaft zwischen Thron und Altar vermittelt, gefördert vom Fürsten Metternich, dem päpstlichen Nuntius und dem Polizeiminister Graf Sedlnitzky.

Mit «Religion» war die katholische gemeint.

Die überwiegende Mehrzahl der deutschsprachigen Lehrkanzeln für Religionswissenschaft ist bis heute staatskirchenrechtlich geregelt: sie unterstehen den jeweiligen (katholischen oder evangelischen) Kirchenbehörden.

Das macht: Als der Einfluß der großen christlichen Kirchen auf das städtische Bürgertum abzunehmen begann, im Gefolge von Aufklärung, Revolution und Frühkapitalismus, haben die Kirchenmänner nördlich und südlich der Alpen «die Religion» entdeckt. Solange nämlich ein Mensch irgendwie «religiös» ist, kann er an den bestehenden Religionsgemeinschaften nicht achtlos vorübergehen. Da es (außerhalb der kommunistisch regierten Länder) nur relativ wenige Menschen gibt, die sich offen als «areligiös» oder «irreligiös» bezeichnen, können die Religionsgemeinschaften ihre Daseinsberechtigung bis heute behaupten.

Das Wort «Religion» (und alle von ihm abgeleiteten Haupt- und Eigenschaftswörter) bezeichnet in Wirklichkeit die tatsächlichen kirchlichen Verhältnisse in den Industrieländern.

Religion: Das ist der staatlich, gesellschaftlich und kulturell anerkannte Restbestand dessen, was von der Kirchenpraxis des europäischen Mittelalters heute noch da ist, in den Köpfen der Industriebevölkerungen.

Im Mittelalter fehlte das Wort «Religion» in den damaligen Umgangssprachen, ebenso wie das Wort «Mystik». Beide Wörter sind rückwärtsgerichtete, an der Vergangenheit orientierte sprachliche Neuschöpfungen, entstanden in der Zeit des realen Verfalls dessen, was sie bezeichneten. Moderne Mystiker und Religionsgründer verhalten sich zu den geschichtlichen wie Plastik zu Holz, wie Rilke zu Franz von Assisi.

Zur Entspannung der Anfänger nach dieser strengen Analyse der neuzeitlichen Religionsverhältnisse schlage ich ein kleines gedankliches Spiel vor, das

ZEITVERSETZUNGSSPIEL.

Es besteht darin, sich selbst und andere Menschen (auch verstorbene) gedanklich in jene Zeit zu versetzen, in die sich (vermutlich) die betreffende Person gerne begeben würde, interessehalber und vorübergehend, mit Hilfe einer Zeitversetzungsmaschine. Es soll die Regel gelten: Nur eine einzige Zeitversetzung ist gestattet.

Ich zum Beispiel würde mich zu den Urchristen in die Katakomben versetzen lassen (und wahrscheinlich eine Enttäuschung erleben). Meine Mutter würde vielleicht einer Predigt des heiligen Antonius lauschen wollen.

Die Tante Rosa könnte mit dem Gründer der Adventisten zusammentreffen oder mit Jesus Christus persönlich.

Der Frau Walch würde eine Eintrittskarte zur Uraufführung der «Zauberflöte» sicher eine große Freude bereiten.

Alle Geschichtsprofessoren werden in jene Epoche zurückversetzt, auf die sie spezialisiert sind. Dann wird ein Knopf der Zeitversetzungsmaschine gedrückt, und sie können nicht mehr zurück in die Gegenwart gelangen. Sie sind dann endlich dort, wo sie hingehören: in der Vergangenheit.

Im August 1973, gelegentlich eines Aufenthaltes in Albanien, be- 48
suchte ich eine vollautomatische Kunstdüngerfabrik. Im Kontrollraum der Fabrik unterhielt ich mich mit einigen Facharbeitern. Einer der Arbeiter sprach ein wenig Französisch, und so konnten wir uns verständigen. Mein Hemd war offen, und mein Gesprächspartner bemerkte ein Amulett, das ich an einem Kettchen um den Hals trug.

Was ist das?

Etwas Religiöses, eine Maria.

Der Arbeiter lachte, freundlich und verwundert.

Die anderen Arbeiter hatten seine fragende Geste gesehen, mit der er auf das Medaillon deutete. Als ihnen meine Antwort übersetzt wurde, lachten auch sie, fröhlich und verwundert.

Hier sind wir alle Atheisten, sagte der Arbeiter zu mir.

Er sagte es feststellend, ohne besonderes Gewicht auf diese Bemerkung zu legen. Dann sprachen wir von anderen Dingen.

Albanien ist das erste Land, in dem die Religion von Staats wegen verboten ist. 1948 hatte die Regierung alle Religionsgemeinschaften in Albanien (Mohammedaner, Juden, orthodoxe und katholische Christen) für illegal erklärt. Im Jahr 1967 erklärte sich Albanien zum atheistischen Staat; alle Moscheen, Kirchen und Synagogen wurden geschlossen; jegliche Kulthandlungen wurden als Verbrechen gegen den Staat strafrechtlich verfolgt; die Geistlichkeit bekam Arbeitsplätze in der Landwirtschaft oder der Industrie zugewiesen. Manche Gotteshäuser, wie beispielsweise die Moschee in Durres, wurden niedergerissen. An dieser Stelle der Moschee in Durres befindet sich jetzt ein Kulturhaus. Auf dem Kulturhaus ist eine Tafel mit einer Inschrift, von der ich nur das Wort «Obskurantizmit» deuten konnte.

Das Wort «Obskurantismus» stammt aus der Aufklärung. Damals wurde ein Feind der Aufklärung als Obskurant (= Finsterling, Verdunkler) bezeichnet. Ich nehme an, daß die erwähnte Inschrift auf die verfinsternde Wirkung der abgeschafften Religion hinweisen sollte.

Albanien hat rund zwei Millionen Einwohner.

Das goldene Amulett, das ich vor 15 Jahren geschenkt bekam und seither trug, heißt «Wundertätige Medaille» oder «Medaille von der Unbefleckten Empfängnis». Es zeigt auf der Vorderseite Maria, die auf einer Weltkugel steht und die Schlange zertritt, mit der Umschrift: O Maria, ohne Sünde empfangen, bitte für uns, die wir zu dir unsere Zuflucht nehmen. Auf der Rückseite der Medaille befindet sich ein M (für «Maria») und zwei kleine Herzen unter dem M. Hierbei handelt es sich um das heiligste Herz Jesu und das Herz Mariä. Die Medaille wurde erstmals im Jahr 1832 geprägt, auf Veranlassung des (katholischen) Erzbischofs von Paris und eines gewissen Abbé Aladel. Letzterer war der Beichtvater der Nonne Catherine Labouré, welcher die Muttergottes erschienen war. Die Muttergottes hatte der Nonne den Auftrag erteilt, Medaillen der beschriebenen Art prägen zu lassen. Maria versprach allen Trägern der Medaille ihren besonderen Schutz in der Sterbestunde, zur Abwendung der Gefahr, in die Hölle zu kommen.

Da ich die Medaille kaum abnahm, rostete der Verschluß des Kettchens schließlich ein. Um die Medaille abzulegen, hätte ich Gewalt anwenden müssen. Das wollte ich nicht.

Einige Zeit nach meinem Besuch in Albanien fragte mich der Masseur in einer Wiener Sauna nach der Bedeutung meines Amuletts.

Dieselbe Antwort wie für den albanischen Facharbeiter. Hängt das nicht mit Aberglauben zusammen, sagte der Masseur.

Ein wenig, sagte ich.

Dann, eines Morgens, lagen Kettchen und Amulett neben mir auf dem Kopfpolster.

Am Abend zuvor hatte ich mit der Katze gespielt, und die Katze hatte mit ihrer Pfote ein wenig an dem Kettchen gezogen.

Seither zögere ich, das Amulett wiederum anzulegen.

Die Katze heißt Pupsi. Sie ist schwarz und von Geburt Italienerin.

Die Anfänger werden gebeten, darüber nachzudenken, ob sie an meiner Stelle das Kettchen reparieren lassen würden. Ob sie das Amulett trotz des religionskritischen Zwischenfalls mit der Katze wiederum tragen würden.

Der albanische Facharbeiter und der Wiener Masseur (Nr. 48) vertre- 49
ten eine Haltung, die ist ein Novum in der Menschheitsentwicklung:

Die fröhliche Gottlosigkeit.

In den kommunistischen Ländern gehört sie zur offiziellen Linie der staatstragenden Partei, unter der (ein wenig schwerfälligen) Bezeichnung «Atheismus». In den übrigen Industrieländern wird sie inoffiziell praktiziert, von der Mehrheit der Bevölkerungen. In den Ländern der sogenannten dritten (und vierten) Welt ist sie noch nicht vorhanden. Es gilt die Faustregel:

Ab 500 Dollar Jahreseinkommen pro Kopf beginnt die Ausbreitung der fröhlichen Gottlosigkeit.

Als eine fröhliche ist die moderne Gottlosigkeit deshalb zu bezeichnen, weil die in ihr lebenden Menschen Gott für gewöhnlich gar nicht vermissen. Zwar wird, in literarischen oder philosophischen Kreisen, gelegentlich von dem Gefühl der Leere (der Sinnlosigkeit, der Daseinsangst usw.) gesprochen, von dem «der moderne Mensch» befallen sei, nicht selten unter Verweis auf die psychosomatischen Krankheiten, die Irrenhäuser, die Selbstmordraten und die Jugendkriminalität. Linksgerichtete Kulturkritiker bevorzugen in diesem Zusammenhang den Fachausdruck «Entfremdung». Rechtsgerichtete Beobachter lieben die Formel vom «geistigen Elend». (Die Kulturseiten regionaler Zeitungen sind eine Fundgrube für diese Art Vokabular.) Manchmal wird in diesem Zusammenhang mit Genugtuung darauf hingewiesen, daß in der Sowjetunion ein religiöses Erwachen zu verzeichnen sei, insbesondere unter der atheistisch erzogenen Jugend.

Außerhalb der anspruchsvolleren Kultur (die für die Mehrzahl der Menschen ohnehin uninteressant ist) fehlt jedoch Gott im Alltag der Industriemenschen, und bislang ist dieses Fehlen zu keinem öffentlichen Problem geworden, vergleichbar dem Stellenwert, den beispielsweise die Geldentwertung oder die Entwicklung der Löhne hat.

Das Fehlen Gottes ist ein Minderheitenproblem.

Wer sich heute, als Industriemensch, mit der Anwesenheit oder Abwesenheit Gottes nicht nur ausnahmsweise (bei einem Todesfall etwa) beschäftigt, gehört einer Minderheit an.

Zwar läuten, auch in den Großstädten, immer noch die Kirchenglocken, aber ohne besonderen Signalwert für die Mehrzahl der Bevölkerung. Nur noch wenige fühlen sich von ihnen zum (alltäglich verrichteten) Gebet gerufen.

Die Anfänger mögen zur Kenntnis nehmen, daß sie Minderheitenstatus haben, vergleichbar den Liebhabern einer aussterbenden Sprache oder einem Verein zur Züchtung seltener Blumen.

Es wäre ein Fehler, wenn die Anfänger diese Lage der Dinge beklagenswert fänden. Es gilt der Merksatz: Alles Neue hat einmal klein angefangen.

50 Auch der Selbstmörder am Weihnachtsabend gehört einer Minderheit an. (Unter 100 000 statistischen Menschen unternehmen jährlich 100 eine Selbstmordhandlung; das ist ein Promille, eine verschwindende Minderheit. Zu Weihnachten verschwinden laut Statistik mehr Menschen freiwillig aus dem Leben als in den übrigen Monaten des Jahres, in den christlichen Ländern.)

Sollte der Selbstmörder am Weihnachtsabend es sich noch einmal anders überlegen, dann kann aus ihm ein Anfänger werden. Die für ihn wichtigste Lektion ist die zehnte, der Glaube an Wunder.

Was der Selbstmörder am Weihnachtsabend nicht glauben kann, wird durch den Anfang eines Weihnachtsliedes ausgedrückt:

Alle Jahre wieder kommt das Christuskind.

Hierbei handelt es sich um den Kinderglauben.

Der Kinderglaube:

Wenn es dunkel wird auf der Welt am Heiligen Abend, dann kommt das Christkind vom Himmel auf die Erde herunter und bringt für jedes Kind Geschenke mit. Niemand kann das Christkind sehen bei seinen Verrichtungen, nicht einmal den Zipfel seines Gewandes kann man mit den Augen erhaschen. Wenn das Christkind fertig ist, dann läutet ein Glöcklein, und die Kinder dürfen ins Zimmer kommen, wo der Christbaum steht und darunter die schönen Geschenke. Aber das Christkind ist nicht mehr da, das Christkind ist schon wieder weitergeflogen zu den anderen Kindern. Auch die anderen Kinder wollen Geschenke bekommen.

Weißt du, sagen die größeren Kinder zu den kleineren Kindern, weißt du, das Christkind gibt es gar nicht. Das Christkind sind in Wirklichkeit die Eltern, in Wirklichkeit gehen die Eltern in die Stadt und kaufen dir ein Spielzeug und etwas zum Anziehen. In Wirklichkeit kaufen die Eltern einen Christbaum und schmücken ihn ganz heimlich, daß du es nicht siehst, und rufen dich ins Zimmer, wenn sie fertig sind. Sie läuten das Glöcklein , damit du glaubst, das Christkind hat das Glöcklein geläutet und die Kerzen angezündet und die Geschenke gebracht. Stell dir einmal vor, sagen die größeren Kinder zu den kleinen Kindern, stell dir einmal vor, wieviel das Christkind zu tun hätte, wenn es zur selben Zeit am Heiligen Abend in jeder Wohnung auf der ganzen Welt alle Kerzen anzünden müßte auf den Christbäumen. Das Christkind kann gar nicht überall zur selben Zeit sein, sagen die größeren Kinder, und außerdem hast du auch gar nicht alles bekommen, was du dir gewünscht hast, da siehst du schon, daß es das Christkind gar nicht gibt. Sondern die Eltern müssen sich überlegen, was sie dir kaufen können und was nicht, die Eltern haben nicht so viel Geld, um dir alles kaufen zu können, was du dir wünschst. Nur die ganz kleinen und die ganz dummen Kinder glauben noch ans Christkind, sagen die größeren Kinder, wenn man größer wird, dann glaubt man nicht mehr ans Christkind.

Weißt du, sagt die Mutter, jetzt, wo du schon größer bist, kann ich es dir ja sagen, daß der Papa und ich in Wirklichkeit deine Geschenke gekauft haben und den Christbaum, weißt du, das Christkind hat ja so viel zu tun, da ist es besser, der Papa und ich nehmen dem Christkind eine Arbeit ab und kaufen die Geschenke und schmücken den Christbaum und läuten das Glöcklein.

Ihr müßt wissen, sagt der Herr Religionslehrer, daß Gottvater seinen Sohn auf die Welt geschickt hat, um die Menschen von ihren Sünden zu erlösen. Dazu brauchte er eine irdische Mutter, das war Maria, die hat Jesus in einem Stall zur Welt gebracht, weil die bösen Menschen ihr keine Herberge gaben. Das Christkind ist in Wirklichkeit das Jesuskind, und die Menschen geben einander Geschenke zu Weihnachten wegen der Erinnerung an die Geburt des Sohnes Gottes. Aber nur mit dem Schenken allein ist es nicht getan, man muß auch in die Kirche gehen zu Weihnachten und beten, dann kommt Jesus in euer Herz hinein, das ist mehr wert als alle Geschenke. Wenn ihr euren Eltern folgt, sagt der Herr Religionslehrer, dann macht ihr dem Jesuskind eine große Freude, wenn ihr in der Schule fleißig seid und nicht schwätzt während des Unterrichts und eure Aufgaben ordentlich macht, dann freut sich das Jesuskind.

Der Herr Religionslehrer glaubt auch nicht ans Christkind.

Die Mutter glaubt auch nicht ans Christkind.

Die größeren Kinder glauben auch nicht ans Christkind.

Es wäre schön, sagt der Selbstmörder, wenn ich noch ans Christkind glauben könnte. Als ich noch klein war, habe ich auch ans Christkind geglaubt wie alle anderen Kinder. Es war schön, am Heiligen Abend aufs Christkind zu warten, es war alles ganz anders als sonst, wie verwandelt war die Welt am Heiligen Abend, alle Menschen waren zueinander freundlich. Es wäre schön, wenn man noch einmal zum Kind werden könnte und aufs Christkind warten könnte. Es wäre schön, wenn irgend etwas in Erfüllung gegangen wäre von dem, was ich mir vom Leben erwartet habe. Es wäre schön, wenn es das Christkind wirklich geben würde, sagt der Selbstmörder, dann würde das Christkind auch zu mir kommen und ich müßte mich nicht umbringen.

Der Psychiater sagt, daß die Neigung zum Selbstmord in den meisten Fällen auf eine krankhafte Entwicklung des Individuums zurückgeführt werden kann.

Der Psychiater glaubt auch nicht ans Christkind.

Und das Christkind?

Wo ist es denn, das Christkind?

Es ist schon wieder weitergeflogen.

Zwölfte Lektion

Das sechste, was die Anfänger lernen müssen, ist die Unbescheidenheit

An dieser Stelle meiner Ausführungen habe ich meinen Vorgesetzten 51
(siehe Nr. 5) einen verspäteten Dank abzustatten. Sie haben mich zur Unbescheidenheit erzogen. Dieses Erziehungsziel lag keineswegs in ihrer Absicht, denn sie sollten aus mir einen demütigen Priester machen. Jedoch: Die Adelsbriefe, die sie zu verteilen hatten, enthielten eine Menge Kleingedrucktes, voll der allerhöchsten Ansprüche.

Die unablässige Demutspredigt der Vorgesetzten sollte die Inanspruchnahme der kühnsten Adelsgarantien verhindern oder wenigstens abschwächen.

Daß aus dem Christentum mittlerweile eine eher traurige Angelegenheit geworden ist, darf u. a. der jahrhundertelangen Demutspredigt der Vorgesetzten zugeschrieben werden; im Verein mit Opfertheologen, Glaubenswächtern und Polizeiministern ist es ihnen gelungen, aus dem höchst unbescheidenen Jesusglauben eine lammfromme Untertanenreligion zu machen.

Trotz aller Vorsichtsmaßnahmen ist den Christenmenschen ein Hang zur Unbescheidenheit geblieben. Mystiker und Ketzer haben ihn kultiviert – ebenfalls jahrhundertelang. Beispielsweise ein gewisser James Nayler, ein Wanderprediger aus den Reihen der ersten Quäker in England.

Im Oktober 1656 ritt Nayler eines Nachmittags in die Stadt Bristol. Er saß auf einem Esel wie Jesus am Palmsonntag, und in seiner Begleitung befanden sich einige Männer und Frauen. Letztere riefen: Heilig, heilig, heilig.

Die Demonstranten wurden sofort festgenommen und durchsucht. Bei Nayler fand man einige Briefe, in denen wurde er mit «Jesus Gottessohn» tituliert. Als man daraufhin Nayler fragte, ob er tatsächlich behaupte, der Gottessohn zu sein, gab er die Antwort:

Ich bin es, so wie jeder andere Mensch auch.

Nayler wurde öffentlich ausgepeitscht, in Bristol und in London. Man brannte ihm ein B in die Stirn (für «blasphemer» = Gotteslästerer) und durchbohrte seine Zunge mit einem glühenden Eisen. Bald nach seiner Entlassung aus dem Gefängnis (1659) starb Nayler an den Folgen eines Raubüberfalles.

Das Verbrechen Naylers: Er hatte zu hoch von den Menschen gedacht. Seine Auffassung von Menschenwürde wurde von den Behörden als subversiv empfunden, mit vollem Recht. Gottessöhne und

Gottestöchter geben ziemlich eigensinnige Untertanen ab.

Die frühen Quäker gelten als mystische Bewegung. Von ihnen und von anderen fast gleichzeitig auftretenden Ketzergruppen (ein Zeitgenosse hat 199 solcher Vereinigungen gezählt, allein in England um 1650) gingen starke Impulse politischer Art aus, in Richtung einer Demokratisierung der öffentlichen Angelegenheiten. Die englischen Separatisten haben, beeinflußt von wiedertäuferischem Gedankengut aus Deutschland und Holland, die Idee der demokratischen Selbstverwaltung zunächst in ihren eigenen Gemeinden ausprobiert, in scharfer Opposition zum damaligen Staatskirchentum, besonders in den Jahren zwischen 1640 und 1660. Das Prinzip der Trennung von Kirche und Staat war ihnen ebenso wichtig wie das allgemeine Wahlrecht. Ihre kollektive Kraft zogen diese Mystiker aus der Aneignung der höchsten Instanz: Gott stand ihnen unmittelbar zur Verfügung, ohne Dazwischenkunft priesterlicher Zwischeninstanzen, in gleichberechtigter freier Rede der Gläubigen bei den Versammlungen, «im Geist», das heißt undogmatisch. Als Laien aus den unteren Bevölkerungsschichten haben diese Menschen öffentlich sprechen gelernt, zum Schrecken von Adel und Klerus.

In Cromwells Heer standen die Soldaten auf einem beachtlichen intellektuellen und politischen Niveau, im Stil der Bibel haben sie die zukünftige Verfassung ihres Landes erörtert, auf großen Zusammenkünften. Im Oktober 1647 debattierten radikaldemokratische Soldatenvertreter mit gemäßigten Offizieren mehrere Tage lang auf diese Weise, in Putney, und Cromwell hatte einige Mühe, die vorgetragenen Forderungen etwas abzuschwächen.

Rund 40 Jahre später, jenseits des Atlantiks, legte der Quäker William Penn die Regierungsgewalt «vollständig in die Hände des Volkes», in Pennsylvania.

Daß die Verfassung der USA dem Gedankengut englischer Mystiker verpflichtet ist, kann der einschlägigen gelehrten Forschung entnommen werden.

Weniger klar ist der mystische Feingehalt dieser geschichtlichen Kraft, deren Ursprünge sich bis ins ketzerische 14. Jahrhundert zurückverfolgen lassen. Im christlichen Untergrund des europäischen Mittelalters hat sich ein hohes Selbstwertgefühl langsam nach oben gearbeitet, das hatte ein feines Gespür für das Kleingedruckte im Christentum. Beispielsweise für den sechsten Vers im 82. Psalm, absichtsvoll zitiert vom Jesus des Johannesevangeliums:

Götter seid ihr, Söhne des Höchsten ihr alle.

52 Während meiner fünf Jahre im Priesterseminar (1948–53) gab es täglich eine halbe Stunde «Betrachtung», frühmorgens vor dem Gottesdienst um 7 Uhr, in der Seminarkapelle. Wir saßen, 80 oder 90

junge Männer, schweigend in den Kirchenbänken und dachten nach. (Manche nickten dabei ein wenig ein.) Der «Stoff» für diese Betrachtungen wurde uns von einem älteren Priester gegeben, dem « Spiritual», jeweils am vorhergehenden Abend. In einem kurzen Vortrag schlug er uns einige «Punkte» vor, über die wir nachdenken (meditieren) sollten. Erstens, zweitens, drittens, viertens. Häufig handelte es sich um einen Text aus der Bibel; auch das Leben eines Heiligen konnte zum Betrachtungsstoff werden oder einige Überlegungen zur Bedeutung eines kirchlichen Festes.

An Sonntagen und hohen Feiertagen entfiel die Betrachtung. An ihrer Stelle gab es eine Predigt, die wurde meist vom Direktor («Regens») des Priesterseminars gehalten. Der Regens war ein vorzüglicher Redner, und der Inhalt seiner Ansprachen war intellektuell anspruchsvoll und faszinierend. Der Regens war ein Kenner der französischen Spiritualität des 17. Jahrhunderts, aus ihr schöpfte er viele seiner Gedanken. Wenn wir über ihn witzelten, dann ahmten wir seinen Tonfall nach, indem wir ständig wiederkehrende Redewendungen des Regens zitierten. Etwa:

Ein unbekannter französischer Mystiker hat gesagt . . .

Die wenigsten Seminaristen interessierten sich für die französische mystische Spiritualität des 17. Jahrhunderts. (Sie ist in Fachkreisen berühmt.) Die Seminaristen strebten den Beruf eines praktischen Seelsorgers an, die Mystik blieb ihnen ein spanisches Dorf, inklusive Teresa von Avila und Johannes vom Kreuz. Einige von uns schwärmten eine Zeitlang für Bruno von Köln († 1101), den Gründer des Kartäuserordens.

Zum Zeichen unserer Weltverachtung verschafften wir uns Totenschädel aus einem niederösterreichischen Gebeinhaus als Zimmerschmuck und studierten die Lebensgeschichte des heiligen Bruno. (Der Kartäuserorden ist der strengste katholische Männerorden.)

Regens und Spiritual hatten gegen die Totenschädel nichts einzuwenden.

In meinen Totenschädel legte ich einen Zettel, auf welchen ich den folgenden Satz geschrieben hatte:

Das Eigentliche kommt doch erst.

Den Totenschädel besitze ich immer noch. Er befindet sich in einem Bücherregal in der obersten Reihe. Den Zettel habe ich irgendwann weggeworfen.

An den Feiertagen gab es eine zusätzliche Andachtsübung. Sie war freiwillig, wurde aber von den meisten Seminaristen absolviert. Im ersten Stock des Priesterseminars, in einem langen Gang, hingen 14 große Bilder. Sie stammten aus der Barockzeit und stellten die «Stationen» des Leidens Christi dar. Diese Stationen gingen wir entlang, jeder für sich, irgendwann am Nachmittag oder nach dem Abendgebet. Bei jeder Station blieb man stehen, kürzer oder länger, dachte über die Bedeutung der Bilder nach und betete still zum leidenden Jesus. Manche Seminaristen benutzten ein Gebetbuch, andere verzichteten darauf und verließen sich auf ihre Eingebungen. Zwischen 8 und 9 Uhr abends war dieser «Kreuzweg» am stärksten besucht. Vor jeder Station standen einige schweigende Gestalten. Die Beleuchtung war schwach, und durch das verschiedene Andachtstempo der einzelnen Betrachter gab es eine fortwährende stille Bewegung. Gegenüber der letzten Station befand sich die Eingangstür zur Wohnung des Regens. Wir nannten sie daher «die fünfzehnte Station».

Hier sind die 14 Kreuzwegstationen:

1. Jesus wird zum Tode verurteilt.
2. Jesus nimmt das schwere Kreuz auf seine Schultern.
3. Jesus fällt das erste Mal unter dem Kreuze.
4. Jesus begegnet seiner heiligsten Mutter.
5. Simon von Cyrene hilft Jesus das Kreuz tragen.
6. Veronika reicht Jesus das Schweißtuch.
7. Jesus fällt zum zweitenmal unter dem Kreuze.
8. Jesus begegnet den weinenden Frauen.
9. Jesus fällt zum drittenmal unter dem Kreuze.
10. Jesus wird seiner Kleider beraubt.
11. Jesus wird ans Kreuz genagelt.
12. Jesus stirbt am Kreuze.
13. Jesus wird vom Kreuze herabgenommen.
14. Jesus wird ins Grab gelegt.

Die Kreuzwegandacht ist die populärste und einfachste katholische Betrachtungsübung. Sie wurde von den Franziskanern verbreitet, im Gefolge der Kreuzzüge.

Heute befinden sich in jedem katholischen Gotteshaus die 14 Kreuzwegbilder, und in den volkstümlichen Gebetbüchern findet man fast immer eine Anleitung zur Betrachtung der Stationen.

Zum Beispiel:

Betrachte, wie Pilatus den unschuldigen Jesus, nach blutiger Geißelung und Krönung mit Dornen, verurteilt, und wie gelassen der Heiland dieses Todesurteil annimmt, damit du von dem Urteil des ewigen Todes befreit würdest.

Betrachte, wie Jesus das Kreuz, das deine vielen Sünden so schwer gemacht haben, auf seine Schultern nimmt.

Und so weiter.

Es ist bemerkenswert, wie in diesen beiden Betrachtungsanleitungen sich die Verstärkung des Schuldgefühls («deine vielen Sünden») mit einer Unbescheidenheitspredigt verschränkt. Die höchste Instanz, nämlich der unschuldig leidende Gott, hat das Wohl des einzelnen Beters im Auge («damit du von dem Urteil des ewigen Todes befreit würdest»). Das Individuum, obzwar als schuldbeladenes, wird gleichzeitig unendlich aufgewertet, als Gegenstand der allerhöchsten Aufmerksamkeit und Fürsorge. Das Individuum darf von sich selbst denken:

Es gibt mich kein zweites Mal.

Diese Ahnung von der Unverwechselbarkeit des Subjekts mag in den frommen mittelalterlichen Massen zunächst nur dunkel vorhanden gewesen sein. Ohne sie wäre jedenfalls die Forderung nach dem aktiven Wahlrecht für jeden Landesbewohner nie in die Köpfe der Menschen gesprungen. Liebhaber des Zen-Buddhismus und anderer fernöstlicher Weisheitslehren werden gebeten, diesen Sachverhalt im Auge zu behalten, wenn sie die Mystik in exotischen Ländern suchen. Weder in Afrika noch in Asien ist, in vergleichbarer Breite, ein Ansatz zu dem zu finden, was schließlich Menschenwürde genannt wurde.

Auch während der Ferien bestand für die Seminaristen die Verpflichtung zur täglichen Betrachtungsübung. Ich absolvierte sie, wenn ich in Wien war, in der Wohnung meiner Mutter, nach dem Aufstehen am Morgen, vor dem Gang zur Messe. Die Geräumigkeit der Wohnung (zwei Zimmer, Kabinett, Küche) ermöglichte die mir erwünschte Ungestörtheit; ich meditierte im Kabinett, vor einem Schreibtisch, abwechselnd sitzend und kniend. Wenn meine Mutter, im Zuge ihrer morgendlichen und eiligen Verrichtungen, das eine oder andere Mal durch das Kabinett gehen mußte, zeigte ich mich irritiert. Es handelte sich hierbei um den in der mystischen Literatur immer wieder behandelten Gegensatz zwischen tätigem und beschaulichem Leben. Meine Mutter kam schließlich zu mir, um sich zu verabschieden. Sie mußte ins Büro. Etwas später machte ich mich zum Kirchgang fertig.

Von meinen damaligen Betrachtungsgegenständen sind mir die sogenannten «letzten Reden Jesu» im Johannesevangelium in der Erinnerung geblieben. Es handelt sich dabei um die Kapitel 13–17, eine Art letzter Unterweisung der Jünger am Abend vor der Hinrichtung Jesu. Die Vertraulichkeit und Wärme des Tons, die Zuversichtlichkeit des Inhalts, die Poesie der verwendeten Bilder und Vergleiche luden mich gewissermaßen als Gast zu diesem Liebesmahl. Ich versetzte mich in die Atmosphäre des Gemachs, in dem Jesus seinen Jüngern die Füße wusch und ihnen das Brot brach. Was der Heiland zu den Aposteln sagte, durfte ich auf mich beziehen:

Ihr seid meine Freunde.

Hierbei handelte es sich um eine Form der Heilandsmystik. Entstanden ist sie im europäischen Spätmittelalter, als Jesusminne und Gottesfreundschaft gebildeter Laien, Mönche und Nonnen. Das Neue an ihr, für die Eingeweihten geradezu überwältigend: Die Art und Weise des Brückenschlags zwischen Schöpfer und Geschöpf.

In der Heilandsfreundschaft ist nämlich die sublime Aura des göttlichen Partners vorausgesetzt. Als Gott, mit sämtlichen Attributen höchster Heiligkeit, neigt er sich der frommen Seele zu, menschlich vertraut und in egalitärer Weise. Die absolute Distanz des biblischen Gottes wandelt sich zur Nähe und Heimlichkeit, ohne Verlust des Gottesglanzes, zum Staunen des Betrachtenden, der sich vom Blick des Erlösers getroffen fühlt, höchstpersönlich. Mehr noch: Weil der Gott ein leidender, ein todgeweihter ist, ein spätgotischer Schmerzensmann und Ölbergjesus, geht von ihm eine Hilfsbedürftigkeit aus, eine Bitte um Mitleid und Beistand:

So konntet ihr nicht eine Stunde mit mir wachen?

Das selbstverständliche Echo, vernehmlich noch in der Matthäuspassion des Johann Sebastian Bach: Ich will bei meinem Jesus wachen.

Das macht: Der Gott bedarf des Menschen, und der ist als einzelner vorgestellt, fühlt sich persönlich angesprochen, seine liebevolle Antwort erleichtert dem Heiland die Todesangst.

In dieser Gefühlswelt habe ich mich mit Selbstverständlichkeit bewegt. Ihr pädagogischer Wert, bei allem Überschwang, lag in einer Stärkung der Ichkräfte. Sie enthielt, mir damals nicht bewußt, den Keim zur Revolte – wie die Lehren des Franz von Assisi den Sturm auf die Bastille.

Sobald nämlich der Seele eine Gottunmittelbarkeit zugestanden ist, noch dazu eine freundschaftliche und angstreduzierte, verliert die Gnadenvermittlung und Sakramentenverteilung der Priesterschaften ihre grundlegende Legitimation. Das Subjekt bedarf ihrer nicht mehr, jedenfalls nicht unbedingt und immer. Diese Einsicht, zunächst vereinzelt unter Mystikern und Ketzern auftretend, kam im Reformationszeitalter erstmals breit zum Vorschein, erlitt im Gegenzug der Behörden ihre Rückschläge und ist heute, freilich verdünnt, zur selbstverständlichen Haltung der Minderheit in den Industriebevölkerungen geworden. Der Preis, der für diese jahrhundertelange Befreiungsbewegung bezahlt wurde, ist der Verlust der schönen Aura des menschenfreundlichen Gottes in den Köpfen der Industriemenschen.

Un bon dieu citoyen – so hat ihn Heinrich Heine noch genannt, ironisch und zärtlich, mit der Hinzufügung: «Wahrlich, wenn Christus noch kein Gott wäre, so würde ich ihn dazu wählen, und viel lieber als einem aufgezwungenen absoluten Gotte würde ich im gehorchen, ihm, dem Wahlgotte, dem Gotte meiner Wahl.»

Für diese Wahl (nicht: Wiederwahl), als endlicher Demokratisierung des Himmelreichs, werden derzeit noch nicht einmal die Vorbereitungen getroffen, wie es scheint. Es herrscht die fröhliche Gottlosigkeit (siehe Nr. 49).

Sie hat, das habe ich hier zu gestehen, nach und nach auch mich erfaßt, in widersprüchlicher Weise. Als positiv empfinde ich die Befreiung von der Opfertheologie, der Geschlechtsangst und der Autoritätsgläubigkeit. Als negativ empfinde ich den Wärmeverlust, als spürbarer gewordene kapitalistische Kälte, unerwärmt durch die Gnadensonne des göttlichen Herzens.

Aber das göttliche (oder «ewige» Herz, wie Hölderlin es genannt hat) schlägt in der Menschenbrust immer fort, und es ist wichtig, auf diese Herztöne achten zu lernen. In den langen Sommerferien habe ich am Nachmittag gern einen weiteren Kirchenbesuch gemacht. Ich setzte mich dann in eine der leeren Bänke, überdachte noch einmal die Betrachtungsgegenstände der Morgenübung und überließ mich der stillen Gottesgegenwart. Auf diese Weise wuchsen meine antiken Geheimgefühle (siehe Nr. 6, 7, 13) mit der mittelalterlichen Heilandsmystik zusammen, während meiner Ausbildung zum Priester, zu einem für mich zentralen Jesusgefühl. Es hat im Laufe der Jahre gegen Kirchenenttäuschung und fröhliche Gottlosigkeit hartnäckig Widerstand geleistet, und deshalb komme ich immer wieder auf es zurück. Ihm meine ich die Tugend der Unbescheidenheit zu verdanken, diesen Hunger nach mehr als Brot allein, und ich frage mich beim Schreiben, wie ich ihn den Anfängern vermitteln kann.

Nach dem nachmittäglichen Kirchenbesuch führte ich unseren Hund spazieren. Es handelte sich um einen Dackel-Bastard, mit Namen Hexi.

Die Farbe des ewigen Lichtes, das in der Kirche vor dem Tabernakel brannte, war rot. Die Farbe des göttlichen Herzens ist ebenfalls rot. Rot ist für mich die Farbe des Lebens und der Unbescheidenheit.

Das Folgende ist für jene ehrgeizigen Anfänger bestimmt, die von mir 53
möglichst detaillierte Anweisungen für bestimmte Andachtsübungen erwarten, zum Zwecke des Erlernens der höheren Mystik.

Erstens müssen sich diese Anfänger entschließen, täglich mindestens eine halbe Stunde zu meditieren, und das jahrelang.

Zweitens müssen diese Anfänger eine bestimmte Andachtsschule wählen und konsequent in ihr bleiben, ebenfalls jahrelang, ohne Hin- und Herspringen zwischen verschiedenen Andachtsgebieten.

Drittens müssen diese Anfänger das Erlernen der Mystik zu ihrem einzigen Lebensziel erheben und diesem alle anderen Wünsche und Bedürfnisse unterordnen.

Viertens müssen diese Anfänger wissen, daß auch die sorgfältigste Beachtung der ersten drei Punkte keinerlei Erfolgsgarantie enthält.

Jenen Anfängern, die sich von diesen Bedingungen nicht abgeschreckt fühlen, empfehle ich als Betrachtungsstoff das vierte Evangelium, das des Johannes. Als Methode empfehle ich die einfachste, nämlich die betrachtende Lektüre. Man liest einen Satz, überdenkt ihn ohne Hast und geht dann zum nächsten. Mehr als zehn Sätze sollte man in einer halben Stunde nicht bewältigen wollen. Wenn man einen oder mehrere Sätze nicht versteht, lese man ruhig weiter. Nach der Beendigung des Johannesevangeliums wende man sich dem ersten Johannesbrief zu, und danach der Apokalypse.

Ehrgeizige Anfänger, die zwar meditieren lernen wollen, sich aber von christlichen Andachtsschulen nicht angesprochen fühlen, werden sich vielleicht den fernöstlichen Praktiken zuwenden. Wer es in einer dieser Schulen, und es gibt viele, zur Meisterschaft bringen will, hat einen langen und mühevollen Weg vor sich. Die Hauptschwierigkeit besteht darin, daß der im Westen erzogene Anfänger keinerlei kulturelle Voraussetzungen für die Aneignung dieser höchst komplexen und anspruchsvollen Weisheitswege mitbringt. Was in den westlichen Industrieländern an fernöstlichen Geistestraditionen gelehrt wird, beschränkt sich zumeist auf einfache Entspannungsübungen. Sie gehören zu den Seelenarzneien (siehe die achte Lektion) und verhalten sich zur Virtuosenmystik wie das Einmaleins zur Integralrechnung. Anfänger, die sich zum Fernöstlichen ernsthaft entschlossen haben, werden allenfalls nach Indien reisen und sich für eine gute Weile in einem «Aschram» einquartieren. Sie werden, neben dem Meditieren, auch die Gleichgültigkeit für das in Indien vorhandene Elend lernen müssen. (Japan, als Wallfahrtsziel für Zen-Jünger, ist kaum zu empfehlen; wie ich aus zuverlässiger Quelle höre, findet man dort kaum noch kompetente Zen-Meister; die heftige japanische Wirtschaftsentwicklung hat sich auf die Zen-Kultur nachteilig ausgewirkt. In China hat es nie eine originelle Mystik gegeben.)

Die jüdischen und muselmanischen Mystik-Schulen, Kabbala und klassischer Sufismus, sind heute fast verschwunden. Sollte ein ehrgeiziger Anfänger dennoch in eine der wenigen noch praktizierenden Kleingruppen dieser Andachtstraditionen Eingang finden, dann hat er mit der nämlichen Hürde wie der Fernost-Pilger zu rechnen: dem Kulturensprung.

Nachdrücklich gewarnt müssen die besonders gründlichen Anfänger vor allen Mischformen unter den Andachtsschulen werden. Die Wahl zwischen den vier klassischen Mystikkomplexen (dem jüdischen, dem muselmanischen, dem christlichen und dem fernöstlichen) ist für die strebsamen Anfänger unerläßlich. Denn: Alle klassischen Mystiken setzen zunächst eine bestimmte Kultur voraus und sublimieren sie dann. Mischt man hingegen die Basiskulturen (etwa in der Weise Rudolf Steiners, des Begründers der Anthroposophischen Gesellschaft), dann entzieht man der sublimierenden Arbeit die Grundlage.

Für alle ehrgeizigen Anfänger:

Der Kulturensprung gehört in das Gebiet der Touristik, der Unterhaltung und Bildung, der weltanschaulichen Feinschmeckerei und – ausnahmsweise – der Abenteuerlust. Für die in meinem Buch anwesende Mystik bringt er nichts. Meine Mystik, wie schon öfter gesagt, befindet sich um die nächste Ecke.

Die letzte europäische Meditationsschule, die methodische Genauig- 54
keit mit weitreichender, politisch wirksamer Ausstrahlung verband, wurde von Ignatius von Loyola (1491–1556) erfunden. Ihr Vorteil, gegenüber den vergleichbaren katholischen und auch evanglischen Frömmigkeitsrichtungen der Neuzeit, lag erstens in der ihr zugrundeliegenden Zweckrationalität und zweitens darin, daß sie von einer entschlossenen und straff disziplinierten, intellektuell hoch gebildeten Genossenschaft verbreitet wurde: dem Jesuitenorden.

Ignatius, der Gründer dieses Ordens, begann mit der Niederschrift seiner «Exerzitien» im Jahr 1522 und beendete sie 1535. Nach weiteren Korrekturen und Verbesserungen lag 1547 der endgültige Text vor – kaum 100 Seiten dichtester Prosa in nüchternem Spanisch. Bestimmt war dieser Text zum Gebrauch dessen, der die Exerzitien zu erteilen hatte, den «Exerzitienmeister». Der (oder die) Schüler, die sich den Exerzitien unterziehen wollten, empfingen ihre Anweisungen aus dem Mund des Meisters, 4 Wochen hindurch, während deren sie täglich vier oder fünf Meditationsstunden zu absolvieren hatten, bei vollständigem Stillschweigen, das nur während der Unterredungen mit dem Meister unterbrochen werden durfte. Der erste Exerzitienmeister war Ignatius selbst; mit Hilfe der von ihm erdachten «geistlichen Übungen» (so die geläufige Übersetzung) rekrutierte er persönlich die ersten Mitglieder seines neuen Ordens, der «Jesus-Kompanie». Die psychologische Architektur der Exerzitien, noch heute erstaunlich, diente einem einzigen Zweck: der Herbeiführung eines festen, die bisherige Lebensweise verändernden Entschlusses möglichst hochherziger Art.

Was heute auf dem Mystikmarkt angeboten wird, ist im Vergleich zu den «Exerzitien» lauwarmer aufgewärmter Kaffee. Die Schärfe des Anspruchs, der in den Exerzitien steckt, ist heute nur noch mit dem zu vergleichen, was in den (rund 2000) «Schulen des 7. Mai» vor sich geht, in Maos China.

Hier ist der Text eines mittelalterlichen Gebetes, das sich im Jesuitenorden von Anfang an einer großen Beliebtheit erfreute; es drückt die Christusmystik der Exerzitien am prägnantesten aus:

Seele Christi, heilige mich.
Leib Christi, rette mich.
Blut Christi, berausche mich.
Wasser der Seite Christi, wasche mich.
Leiden Christi, stärke mich.

O guter Jesus, erhöre mich.
In deinen Wunden verberge mich.
Von dir laß nimmer scheiden mich.
Vom bösen Feind beschütze mich.
Zur Stunde meines Todes rufe mich.
Und zu dir kommen heiße mich,
daß ich mit deinen Heiligen lobe dich,
von Ewigkeit zu Ewigkeit Amen.

Es folgt ein Text aus einem Exerzitienbuch des Ignatius:

Wir müssen sehr achtgeben auf den Verlauf der Gedanken. Sind Anfang, Mitte und Ende gut und hingerichtet auf etwas ganz Gutes, dann ist dies ein Zeichen des guten Engels. Wenn aber einer im Ablauf seiner Gedanken bei einer schlechten oder ablenkenden Sache endet oder bei etwas weniger Gutem als dem, was die Seele sich vorher vorgenommen hatte zu tun, oder wenn es die Seele schwächt oder verwirrt, indem es ihr den Frieden, die Stille und Ruhe, die sie vorher hatte, wegnimmt, so ist dies ein klares Zeichen, daß es vom bösen Geiste herstammt, dem Feind unseres Fortschritts und ewigen Heils.

In diesen beiden Texten zeigt sich, wie das vom Heiland höchstpersönlich und unverwechselbar erwählte Subjekt auf ein hohes Ziel hin in Marsch gesetzt wird, fortschrittsgläubig und diszipliniert bis in die imtimsten Gedanken. In den Originalexerzitien des Ignatius lernt das exerzierende Subjekt, in vierwöchigem Kurs, etwas Wichtiges und bis dato nicht sonderlich Verbreitetes: Eigene Gedanken zu haben. Diese Aufwertung der Persönlichkeit wird von Ignatius, als zur Rebellion disponierend, durch Gedankendisziplin gebändigt. Die Exerzitien fördern das Subjekt und waschen ihm gleichzeitig das Gehirn. Die ignatianische Mystik ist kirchentreu. Sie trat, ab dem 16. Jahrhundert, in die politischen Dienste der vom Haus Habsburg geleiteten Gegenreformation.

Meine ersten Exerzitien, während der Ferien nach der Reifeprüfung, entsprachen insofern den Ideen des Ignatius, als ich sie allein machte und eine Entscheidung anstrebte – die Wahl des Priesterberufs. Sie dauerten drei Tage lang, vom Vorabend des ersten Tages bis zum Morgen nach dem dritten Tag. (Dies entspricht der gegenwärtig üblichen katholischen Exerzitienpraxis.) Ein alter Jesuitenpater nahm sich meiner an. Er wies mir ein Zimmer in dem weitläufigen Komplex des Ordenshauses in Wien-Lainz an, zeigte mir die Kapelle, den Speisesaal und die Bibliothek, gab mir die «Nachfolge Christi» zur Lektüre (eine Bibel hatte ich selber) und bestellte mich für den nächsten Morgen. Dann ließ er mich allein. Sofort begann die Zeit äußerst langsam zu vergehen. Ich ging im Park des Exerzitienhauses spazieren und wartete aufs Abendessen.

Am nächsten Morgen, nach der Messe und dem Frühstück, ging ich zur vereinbarten Zeit zu meinem Exerzitienmeister. Er hielt mir einen kurzen Vortrag, bei dem ich mir Notizen machte, und empfahl mir die genaue Einhaltung der Betrachtungsstunden. Ferner gab er mir ein Blatt Papier, auf das er geschrieben hatte: Gründe für und gegen den Priesterberuf. Ein Strich teilte das Papier in zwei Hälften. Er wies mich an, alle mir einfallenden Argumente (pro und contra) in die entsprechende Kolumne zu schreiben. Dann entließ er mich. Ich hatte noch nie eine «Betrachtung» gehalten. Ich ging auf mein Zimmer, und in einigen Minuten hatte ich meine Notizen durchgelesen. Danach begann die Zeit sozusagen stillzustehen. Immer wieder blickte ich auf die Uhr. Vor dem Fenster zwitscherten die Vögel, und mir fiel überhaupt nichts ein. Als die Stunde endlich um war, blieben mir noch zwei weitere bis zum Mittagessen. Zum Glück hatte das Zimmer kein Fließwasser, und ich trug den Kübel mit dem Waschwasser zum Abort – womit einige Minuten vergingen. Ich überlegte, ob ich den Krug für das Frischwasser sofort oder erst am Nachmittag anfüllen sollte. Auf dem Tisch lag der Zettel für die Argumente für und gegen meine Berufswahl. Er war leer.

In seinem China-Buch berichtet Alain Peyrefitte eine alte Legende, die ihm vom Leiter des Revolutionskomitees der Provinz Kiangsu erzählt wurde: Die Einwohner einer von Dürre heimgesuchten Gegend kamen zu einem Einsiedler und flehten ihn an, Regen zu machen. Er zog sich drei Tage in einen Tempel zurück, «um in sich selbst Ordnung zu schaffen». Nach drei Tagen regnete es.

Im Priesterseminar fanden jedes Jahr Exerzitien statt. Sie dauerten fünf Tage lang und endigten am Morgen des 24. Dezember, dem Beginn der Weihnachtsferien. Ein Jesuitenpater hielt täglich vier längere Vorträge. Wir machten uns Notizen und meditierten danach über das Gehörte. Während der Exerzitien bestand Redeverbot. Mein Zimmernachbar erzählte mir, nach den ersten Exerzitien im Seminar, daß ich im Schlaf herzlich gelacht hätte. Lachen war während der Exerzitien unstatthaft.

Während der ersten Exerzitien im Priesterseminar fiel meine endgültige Entscheidung. Ich erinnere mich noch genau, daß ich am Fenster meines Zimmers stand, als ich meine Wahl traf. Ich war allein im Zimmer, und danach wußte ich, was ich wollte: Priester werden.

Ich war damals 18 Jahre alt, und meine Freunde aus dem Gymnasium hofften zuversichtlich, mich noch umstimmen zu können. Während der Ferien diskutierten wir über Gott und die Welt, auf langen Spaziergängen mit Hexi dem Hund.

Hexi war mit meiner Berufswahl insofern nicht einverstanden, als sie tagelang winselnd auf meine Rückkehr wartete, wenn ich nach den Ferien wieder ins Priesterseminar gezogen war.

Die Argumente der Freunde gegen meine Berufswahl hätte der heilige Ignatius als vom bösen Geiste herrührend bezeichnet. Bezüglich dem Winseln des Hundes hätte er auf folgenden Satz der «Exerzitien» verwiesen:

Darum ist es notwendig, uns allen geschaffenen Dingen gegenüber gleichmütig zu machen.

In den Jahren 1948 bis 1964 habe ich insgesamt 16mal Exerzitien gemacht. Die mir wichtig erscheinenden Reflexionen und Gefühle trug ich in meinem Tagebuch ein.

Hier ist eine Stelle aus meinem Tagebuch, vom Juli 1964, geschrieben während der Exerzitien:

«Abgesehen von der kurzen Erleichterung gestern nachmittag waren diese Exerzitien eine einzige Qual. Von Anregung kann keine Rede sein, ich war allein. Allein mit dem Ärgernis des Zölibats, allein mit meinem Leben, allein mit meinen Rissen – zwischen der Neigung zur beschaulichen Arbeit und dem Ekel an ihr; der Neigung zur weiblichen Zärtlichkeit und der Unfähigkeit zur Ehe; der Gemütlichkeit und der Sehnsucht nach einem sich in Leidenschaft verzehrenden Leben.

Die «Konferenz» soeben – um 15 Uhr darf nicht zuviel zugemutet werden, die Jause wartet schon – machte mich rasend. Gehört es denn konstitutiv zum Priester, daß er gern ein wenig Karten spielt, ein wenig Wein trinkt, am freien Tag spazierengeht, immer ein wenig von allem sich vergönnt? Feuerbrand Christi, man zündet sich mit dir nur mehr die Zigarren an.

Das stillschweigende Übereinkommen dieser Exerzitien: Nicht wahr, am ersten Tag eher positiv, dann kommt halt der zweite Tag, ein ‹Tunnel›, da muß man durch, ein Schuß Hölle und Tod in den bekömmlichen Trank (Exerzitien sind ja schließlich eine seelische Erholung) mit dem verschmitzten Wissen, daß das eben dazu gehört; der dritte Tag eine wohlgefällig schmunzelnde, hie und da mit ernst-nachdenklichen Worten durchwürzte Reflexion über das ‹Reich Gottes› – von den ehernen Texten bis zum Witz über die Pfarrhaushälterinnen (das Gelächter über einen solchen hat mich heute vormittag aufgeweckt). Der Rest ist Schweigen. Ich kann verstehen, warum Franz von Assisi bei den Mohammedanern sterben wollte.»

Danach habe ich keine Exerzitien mehr gemacht.

Nunmehr folgt die

DRITTE PRAKTISCHE ÜBUNG.

55 Um sie durchzuführen, mögen die Anfänger zunächst das Erinnerungsmaterial konsultieren, das ihnen bei Absolvierung der zweiten praktischen Übung (Nr. 27) eingefallen ist. Es empfiehlt sich, diese Erinnerungen an Augenblicke starker Gefühlsintensität auch schrift-

lich (in beliebiger Form) zu fixieren, zum Zweck eines bequemeren Überblicks. Dies ist der erste Schritt der Übung. Er kann, als Nebeneffekt, unter Umständen die schriftstellerischen Begabungen der Anfänger wecken oder weiterentwickeln).

Der zweite Schritt besteht darin, die Qualität des Erinnerungsmaterials genauer zu prüfen. Zur Erleichterung dieser Prüfung habe ich eine Art Checkliste aufgestellt. (Auch die Flugzeugpiloten müssen Checklisten durchgehen, bevor sie die Starterlaubnis erhalten.) Man prüfe jede einzelne Erinnerung an intensive Gefühlsmomente, indem man die einzelnen Punkte der Checkliste durchgeht.

Die Anfänger mögen bedenken, daß ihre persönlichen Erinnerungen, so bescheiden sie dreinschauen mögen, für sie wichtiger und kostbarer sind als die Erleuchtungen des Buddha, die musikalischen Einfälle Richard Wagners und die Gefühle Rilkes; sie sind für sie bedeutsamer als die gesamte Weltliteratur.

Hier ist die Checkliste:

Besondere Merkmale persönlicher Intensivgefühle.
Zutreffendes bitte ankreuzen!

	Ja	Nein	Weiß nicht
1. Glücksgefühl?			
2. Objektbezogen? (Ein anderer Mensch, ein Tier, ein Gott, ein Gebrauchsgegenstand usw.)			
3. Objektverschmelzung? (Liebeserfüllung, Einswerden mit der Natur usw.)			
4. Heimatgefühl? (Geborgenheit, Friede usw.)			
5. Erfüllungsgefühl? («Endlich erreicht» usw.)			
6. Anfangsgefühl? (Antritt eines erstrebten Postens, Aufwachen am ersten Urlaubstag, erste Berührung des/der Geliebten usw.)			
7. Verlust oder Einschränkung des normalen Zeitgefühls?			
8. Totalitätsgefühl? («Alles ist gut» usw.)			
9. Gefühl der Dankbarkeit?			

Merke: Jede Gefühlserinnerung, die in obiger Checkliste mindestens zweimal mit «Ja» beantwortet werden konnte, ist ein Beleg für seelische Gesundheit bzw. für mystische Begabung. (Die Analogie zwischen den beiden Befunden wird neuerdings von den Forschungen einiger Psychologen nahegelegt, die eine «humanistische» Richtung vertreten.)

Der Zweck der Übung besteht darin, die Wunschkräfte der Anfänger (= deren Unbescheidenheit) zu stärken. Denn: Ein Hochzeitsfoto, nach 20 Jahren betrachtet (»wie glücklich wir damals waren») signalisiert nicht nur die Erinnerung ans vergangene Glück, es ist auch voll von dem, was man (dunkel) ersehnt, aber nicht bekommen hat. Es gilt der Merksatz:

Vergangenes Glück ist ein Kapital, das Zinsen tragen soll.

Wunschlos glückliche Anfänger sind von der Durchführung der dritten praktischen Übung befreit.

56 Das folgende Kapitel ist den weiblichen Anfängern gewidmet, insbesondere den hauptberuflichen Hausfrauen unter ihnen. Ich darf die Anfängerinnen zunächst bitten, nochmals die Nr. 8 durchzulesen, ferner die Nummern 34, 44 und 46. Auch die Nummern 15 und 16 gehören in diesen Zusammenhang sowie die Nr. 38. Alle diese Kapitel enthalten Stärkungsmittel für die Anfängerinnen.

Allgemein gesprochen scheinen die Frauen ein größeres Bedürfnis nach Trost und Stärkung zu haben als die Männer. Vielleicht gehen die Frauen deshalb zahlreicher und regelmäßiger in die Kirche. Daß die Frauen in den Industrieländern durchschnittlich ein wenig länger leben als die Männer, dürfte allgemein bekannt sein. Aus dieser Tatsache muß nicht unbedingt folgen, daß die Frauen im Durchschnitt glücklicher leben als die Männer.

Mit Sicherheit steht hingegen fest, daß der Anteil der Frauen an Kultur und Bildung geringer ist als jener der Männer – in der ersten, zweiten, dritten und vierten Welt. In bezug auf Aristoteles und Plato, höhere Mathematik und Computerwissenschaft, Mozart und Beethoven, Einstein, Picasso usw. werden die Frauen grundsätzlich zur Bescheidenheit erzogen.

In diesem Zusammenhang mag es für die Anfängerinnen nützlich sein zu erfahren, daß die Geschichte der europäischen Mystik auch eine Geschichte des unterdrückten weiblichen Bildungshungers ist. Und weil dieser Hunger bis dato nicht gestillt ist, im Vergleich zur Männerwelt nämlich, deshalb hat die Geschichte der weiblichen Mystik ungemein lehrreiche Aspekte. Sie enthält Strebungen, die unerfüllt geblieben sind, Begabungen, die nicht zum Zug gelangten, überschüssige und ungenützte Kräfte in Menge, Lebensentwürfe als Alternativen zum Bestehenden. Manche dieser Tendenzen haben sich inzwischen durchgesetzt, andere nicht (zum Beispiel Klara, oben Nr. 39–44). So daß ein langwieriger Prozeß sichtbar wird, ein nicht durchwegs friedlicher, mit langen Dämpfungsperioden dazwischen. Solche

Dämpfungen – beispielsweise durch die Hexenverfolgungen oder die frühindustrielle Frauenarbeit – machen es erforderlich, das ungedämpft Frische der weiblichen Aspirationen gelegentlich im Rückwärtsgang zu erreichen; will sagen durch eine kritische Analyse längst vergangener Zeiten und der in ihnen begrabenen Hoffnungen. Dazu kommt, daß die Bilder (Vorstellungen, Ahnungen, Wunschträume, Konstruktionen) vom befriedeten und befreiten Leben, so wie wir sie heute noch im Kopf haben, aus vorindustriellen Zeiten stammen, so wie auch die Mystik vorkapitalistisch ist. Es ist gestattet, manche Mystiken (etwa die eleusinischen, die frühchristlichen, die franziskanischen) als außenseiterische Versuche zu verstehen, ein beglückteres Leben zu probieren. Aus diesem Grund habe ich von ihnen berichtet.

Weil zum Glück auch das Liebesglück gehört, und nicht unbedingt nur das familiär kanalisierte, deshalb darf bei der Untersuchung vergangener Unbescheidenheiten die sogenannte Sittengeschichte nicht vergessen werden; in ihren Annalen begegnet dem aufmerksamen Betrachter gelegentlich eine sehr irdische, praktische und sinnliche Mystik, mit geradlinigen und klaren Einswerdungswünschen auf jenem Gebiet, das in den Augen der Opfertheoretiker am gefährlichsten ist: dem der Liebe.

Die nun folgende Kurz-Chronik unterdrückter weiblicher Aspirationen im vorneuzeitlichen Europa erstreckt sich auf den Zeitraum von 1100–1500. (Man erinnert sich, daß die Mitte des 11. Jahrhunderts für Europa eine wirtschaftliche Wende signalisiert, einen beginnenden Aufstieg des «Okzidents» gegenüber den islamischen Großreichen und Byzanz. Wir beobachten eine starke Zunahme der Bevölkerung, eine Verbesserung der landwirtschaftlichen Geräte und Anbaumethoden, eine Zunahme der Anbauflächen durch Rodungen, vermehrte Bautätigkeit, stärkeren Geldverkehr, Aufschwung der Städte, Intensivierung des Fernhandels. Nach einer langen Periode des Wachstums dieser feudalen Rentenwirtschaft kommt es im 14. Jahrhundert zur Krise, aus der die moderne frühkapitalistische Welt Europas hervorgeht.)

1071 –1126 Wilhelm von Poitou, Herzog von Aquitanien, erster Troubador, exkommuniziert wegen freizügiger Lebensführung.

1115 Todesjahr des Tanchelm, der als erster europäischer Vertreter der Bewegung des Freien Geistes gilt.

1140 In Lyon wird erstmals das Fest von der Unbefleckten Empfängnis Mariens gefeiert. – Anfänge der Bewegung der Katharer (daher die Bezeichnung «Ketzer»). Schwerpunkt in Südfrankreich (Provence, Languedoc), mit Verbindungen zu dortigen Kabbalisten. Hoher Status der Frauen unter den Katharern.

1152 Eleonore von Aquitanien, Förderin der Troubadours, heiratet Heinrich II. von England.

1157 Eine Kirchenversammlung der Provinz Reims befaßt sich mit den «pifres», armen Webern, die ein unstetes Leben führten und im Verdacht der Verbreitung von Irrlehren standen; ihre weibliche Anhängerschaft war von ihnen – laut Anklage – zur Unzucht verführt worden.

1162 Die Katharer in England.

1163 Eine aus acht Männern und drei Frauen bestehende Gruppe aus Flandern wird in Köln der Ketzerei bezichtigt. Der Mönch Eckbert von Schönau versucht vergeblich, sie in einer mehrtägigen öffentlichen Disputation im Kölner Dom zu bekehren. Hinrichtung durch Verbrennen.

1165 Die Katharer in Norditalien.

1170 Erste Wohngemeinschaften der «Beginen» in der Gegend von Lüttich. Es handelte sich um unverheiratete oder verwitwete Frauen aus dem hohen und mittleren Adel, die sich zu einem gemeinsamen Leben zusammenfanden.

1179 Todesjahr der Hildegard von Bingen, Nonne und Schriftstellerin. Verfaßte religiöse und medizinische Bücher. Über 300 Briefe teilweise politischen Inhalts.

1206 Todesjahr des Amalrich von Bena, Professor für Theologie und Logik an der Universität Paris, Lehrmeister der «Amalrikaner», einer Gruppe von 14 Geistlichen.

1209 Verurteilung der Amalrikaner auf einer Kirchenversammlung in Paris u. a. wegen Leugnung des Unterschiedes zwischen Gut und Böse und Befürwortung der freien Liebe. Drei Mitglieder der Gruppe schwören ab, die restlichen werden hingerichtet.

1209 –1249 Albigenserkriege zum Zweck der Ausrottung der Katharer. Bei der Einnahme von Béziers durch das französische Ritterheer werden 7000 Frauen, Kinder und Greise in der Kirche zur heiligen Magdalena verbrannt, 20000 weitere Bürger in der Stadt erschlagen (22. Juli 1209).

1220 Festnahme, Verhör und Hinrichtung eines Ritters in Lyon wegen häretischer Ansichten (Lehren der Amalrikaner).

1225 Amalrikanische Missionare in der Champagne. Freigeistige Mystik, Selbstvergottungslehren, Voraussage politischer Umwälzungen. Zahlreiche Anhängerinnen der Amalrikaner werden zur Befragung nach Paris gebracht.

1230 Willem Cornelis (Freigeist) verkündet in Antwerpen, daß den Armen die freie Liebe erlaubt sei.

1231 Kodifizierung des Inquisitionsverfahrens durch Papst Gregor IX.

1234 Gründung des Klosters Adelhausen bei Freiburg im Breisgau, zunächst als Beginenhaus, dann als Konvent der Dominikanerinnen geführt. Weitere Frauenklöster des Dominikanerordens wurden vornehmlich im südwestdeutschen, elsässischen und alemannischen Raum gegründet (bis 1277 insgesamt 58 Klöster).

1253 Todesjahr der Klara von Assisi.

1258 Ca. 100 Nonnen beziehen das Kloster in Helfta (heute Stadtteil von Eisleben, DDR), das zum Zentrum der deutschen Frauenmystik wurde. Am bekanntesten wurde Gertrud die Große († 1302).

1259 Verurteilung der Beginen durch eine Kirchenversammlung in Mainz.

1260 Todesjahr (?) der Suster Hadewich, Verfasserin von «Visioenen».

1274 Kirchenversammlung in Lyon. In den Berichterstattungen werden Klagen über die Beginen geführt. Ein Franziskaner aus Tournai berichtet, daß sich die Beginen mit neuen Ideen befaßten, die Bibel ins Französische übersetzt hätten, sie interpretierten und auf offener Straße und bei Zusammenkünften über sie diskutierten. In Paris würden französische Bibeln frei verkauft. Ein ostdeutscher Bischof führt Klage darüber, daß die Beginen den kirchlichen Anordnungen Widerstand leisten.

1282 Todesjahr (?) der Mechtild von Magdeburg. Lebte zuerst als Begine, dann als Nonne in Helfta. Ihre mystischen Schriften («Das fließende Licht der Gottheit») sind die ersten in deutscher Sprache.

1296 1. August: Bulle «Saepe sanctam Ecclesiam» des Papstes Bonifaz VIII. Dieses Dokument ist allgemein gegen Laienvereinigungen gerichtet, die sich «gegen die Kirche auflehnen, Sünden vergeben, öffentlich predigen und den Heiligen Geist durch Handauflegung übertragen». Bei Zusammenkünften – «auch nächtlichen» – würden sie über «ihre Verkehrtheiten» diskutieren. «Sogar Frauen» seien unter ihnen, und sie stünden auf dem Standpunkt, daß jene Gebete wirksamer seien, die man nackt verrichte.

1310 Todesjahr der Margarete von Porette, einer aus dem Hennegau stammenden Begine. Sie führte ein mittelloses Wanderleben, in Begleitung eines «Begarden» (so der Name des männlichen Zweiges der Bewegung). Predigttätigkeit in den Bistümern Cambrai, Chalons und Paris. Ein von ihr verfaßtes mystisches Buch wurde kirchlicherseits beschlagnahmt und öffentlich verbrannt. Sie fertigte ein neues Exemplar an und agitierte damit weiter, unter «schlichten Leuten». Verhaftung in Paris, Inquisitionsprozeß, Hinrichtung am Scheiterhaufen.

1311 /12 Kirchenversammlung in Vienne. Verdammung der «Irrtümer der Begarden und Beginen». Dem Text ist zu entnehmen, daß von seiten dieser Laienbewegung mit einem Spruch aus den Paulusbriefen argumentiert wurde: Wo aber der Geist des Herrn ist, da ist Freiheit (2. Korintherbrief 3, 17). Hinkünftig sollen die Beginen in Wohngemeinschaften mit kirchlicher Genehmigung leben.

1314 Meister Eckhart in Straßburg. Beginn der Bewegung der «Gottesfreunde». Predigten vor bildungshungrigen Nonnen des Dominikanerordens in Straßburg und den Klöstern des oberen Rheintals. (Vorträge und Predigten vor Nichtakademikern waren damals noch kaum in Übung.)

1317 Der Bischof von Straßburg vollzieht die Bestimmungen des Konzils von Vienne gegen die Beginen. Verbot an die Bevölkerung, ihnen Almosen zu geben. Erste reguläre bischöfliche Inquisition auf deutschem Boden. – Gesetzliche Unterdrükkung des radikalen Zweiges der Franziskaner (»Spiritualen») durch Papst Johannes XXII.

1322 Kirchenversammlung in Köln gegen die Freigeister.

1335 Todesjahr (?) der Bloemardienne (Brüssel), freigeistige Schriftstellerin.

1351 Todesjahr der Margarete Ebner, Dominikanernonne. Verfaßte Schriften in der Mentalität der deutschen Gottesfreunde. Ausführliche Korrespondenz mit Heinrich von Nördlingen, ihrem Beichtvater und Seelenfreund. (Der Schweizer Tiefenpsychologe O. Pfister hat in ihren Schriften zahlreiche Anzeichen für Hysterie konstatiert.)

1356 Todesjahr der Christina Ebner, Priorin im Kloster Engelthal bei Nürnberg. Memoiren und biographische Schriften. Beeinflußt von Eckhart und Tauler.

1363 –1429 Jean Charlier de Gerson, Kanzler der Sorbonne. Wandte sich in zahlreichen Schriften gegen die «Brüder und Schwestern des freien Geistes» sowie gegen Begarden und Beginen.

1368 Walter Kerlinger, Hofkaplan und Freund Karls IV., päpstlicher Inquisitor, leitet eine Strafkampagne gegen Begarden und Beginen in Erfurt, Magdeburg und Nordhausen.

1372 Verhaftung und Exekution einer Gruppe von Männern und Frauen in Paris, die sich «Gesellschaft der Armen» nannten und im Volksmund «turlupins» (= «Spaßmacher», auch «Hurentreiber») genannt wurden. An der Spitze der Gruppe stand eine Frau, Jeanne Dabenton.

1375 Todesjahr der Adelheid Langmann, Nonne in Engelthal, Verfasserin von «Offenbarungen».

1380 Todesjahr der Katharina von Siena, Dominikanerin, papsttreue Mystikerin, Schriftstellerin. 381 Briefe teilweise politischen Inhalts.

1411 Inquisitionsverfahren gegen den Mönch Wilhelm von Hindernissen durch den Bischof von Cambrai. Aufdeckung der Existenz einer Geheimgesellschaft unter dem Namen «homines intelligentiae» (= etwa «Menschen der höchsten Einsichten»), in der sich auch Frauen befanden. Wilhelm muß seine Lehren in einem von Beginen bewohnten Stadtteil Brüssels widerrufen und wird zu mehrjähriger Buße verurteilt (Klosterhaft).

1413 Todesjahr (?) der Juliana von Norwich, adelige Einsiedlerin, Verfasserin der «Sixteen Revelations of Divine Love».

1418 Etwa 40 freigeistige Männer und Frauen aus Lille und Tournai wandern nach Prag. Unter ihrem Einfluß entsteht ein radikaler Flügel der Taboriten, die sogenannten «picarti» (von «Picardie», dem Herkunftsland der Freigeister). Diese wurden 1421 aus Tabor vertrieben und flüchteten auf eine Insel in der Nezarka. Propagierung der Nacktkultur. Verkürztes Vaterunser: «Vater unser, der du in uns bist, erleuchte uns. Dein Wille geschehe . . .» Leugnung der Realität von Himmel und Hölle, es sei denn im Inneren des Gerechten bzw. Ungerechten. Nächtliche Raub- und Mordzüge in die Umgebung. Polizeiaktion von seiten der Taboriten. Ende der «picarti».

1431 Todesjahr der Johanna von Orléans.

1483 Geburtsjahr Martin Luthers.

1484 Hexenbulle des Papstes Innozenz VIII. – Die Hexenverfolgungen dauerten bis ins 18. Jahrhundert; die wissenschaftlichen Schätzungen schwanken zwischen 100000 und 1 Million Opfern. Der letzte Hexenbrand Deutschlands geschah 1775 in Kempten.

Es folgt nunmehr eine Interpretation der mittelalterlichen mystischen Frauenbewegung in Europa, in Thesenform.

1. Die Bewegung ist städtischen Ursprungs und wird von Frauen oberschichtiger Herkunft vorangetrieben.
2. Die Zentren der Bewegung (Flandern und Nordfrankreich, Südwestdeutschland, Südfrankreich, Mittelitalien) sind durch wirtschaftliche Blüte und soziale Spannungen gekennzeichnet.
3. Die Kreuzzüge sind der wichtigste Faktor beim Zustandekommen des Frauenüberschusses in den Schichten des hohen und niederen Ritteradels. (Dieser Frauenüberschuß war so hoch, daß beispielsweise im Frankfurt des 14. Jahrhunderts etwa sechs Prozent der erwachsenen weiblichen Bevölkerung in Frauenhäusern wohnten.)
4. Der Mangel an geeigneten Partnern wird zum Sublimationsdruck. Das mystische Schrifttum ist durch ein erotisierendes Vokabular ge-

kennzeichnet. Vorhandene Tendenzen zur außerehelichen Liebe werden von den Behörden unterdrückt.

5. Der um die Wende zum 14. Jahrhundert verschärft einsetzende kirchliche Druck trennt die Frauenbewegung in einen radikalen und einen verinnerlichten Flügel (freigeistige Beginen versus Gottesfreundinnen).

6. Das Fehlen des Buchdrucks war ein schweres Handikap für die Frauenbewegung. Die Mehrzahl ihrer literarischen Produktionen wurde von den Behörden vernichtet und konnte nicht in die Breite wirken. Hinzu kommt das Analphabetentum der Bevölkerungen als hinderlicher Faktor für die schnelle Verbreitung der einschlägigen Ideen.

7. Die Angst vor der Inquisition führt zu Sprachverschleierungen in der literarischen Produktion und zu Geheimhaltungspraktiken in der mündlichen Kommunikation.

8. In den Leitmotiven der Ideenbildung läßt sich eine Tendenz zur Erhöhung der Selbstwertgefühle (Ichstärkung) erkennen. Am deutlichsten ist dies in (a) den Selbstvergottungsbehauptungen der Fall; im Traktat «Schwester Katrei» heißt es beispielsweise «Freuet euch mit mir, ich bin Gott worden». Eine Frauengruppe aus Schweidnitz gab an, auf der Heiligen Dreifaltigkeit wie in einem Sattel zu reiten. Mitunter taucht in diesem Zusammenhang sogar die Feststellung auf, «Gott nicht mehr zu benötigen».

Eine abgeschwächte Form der Selbstvergottung findet sich (b) in den Lehren von der göttlichen Gegenwart in der Einzelseele, dem inneren Licht, dem «Seelenfünklein» usw., häufig kombiniert mit der Reklamierung des Heiligen Geistes als «innerem Lehrer» – was tendenziell eine Emanzipation von Theologieprofessoren und Beichtvätern ist.

Die weitverbreitete mystische Doktrin von (meist sieben oder neun) Stufen zur Vollkommenheit (c) enthält eine Aufstiegsdynamik emanzipativer Art.

Desgleichen vermochte (d) die geläufige Unterscheidung zwischen «Groben und Feinen im Geiste» als Kultivierungsappell zu wirken, als Aufruf zur «Entgröberung» (so bei Thomas Müntzer, † 1525) durch Bildungserwerb.

9. In der Aneignung der neuplatonischen Mystiktradition, deren höchstes Ziel die «unio mystica» (Subjekt-Objektverschmelzung) war, vermochte die Frauenbewegung zum herrschenden männlichen Kulturideal eine Alternative zu entwickeln. In der Terminologie des Psychoanalytikers Erik H. Erikson wäre in diesem Zusammenhang von der weiblichen Modalität «offen – geschlossen» zu sprechen, versus der (männlichen) Modalität «hoch – tief». Es ist bemerkenswert, daß auch im männlichen mystischen Schrifttum gewisse Gebor-

genheitsbilder auftauchen, etwa in der «Inburgtheit» Eckharts.

Das Fazit: Durch 400 Jahre sind die schöpferischen Kräfte vieler europäischer Frauen terrorisiert worden, bis sie schließlich in der Hexenkampagne aus der Öffentlichkeit verschwanden. Nicht weil sie empfindlich sind, blühen die mystischen Rosen so selten, sondern weil sie ausgerottet wurden.

Dreizehnte Lektion

Das siebte, was die Anfänger verlernen müssen, ist die Angst vor Veränderungen

57 Der amerikanische Psychologe Abraham H. Maslow trat bei einer Befragung an rund 80 Einzelpersonen und 190 Studenten mit folgender Bitte heran:

«Ich möchte, daß Sie an die wunderbarste Erfahrung oder die wunderbarsten Erfahrungen Ihres Lebens denken; die glücklichsten Augenblicke, ekstatische Augenblicke, Augenblicke des Entzückens, vielleicht des Verliebtseins, eines Musikerlebnisses oder des plötzlichen ‹Getroffenseins› durch ein Buch oder ein Gemälde, irgendeinen großen kreativen Augenblick. Zuerst führen Sie diese an. Und dann versuchen Sie mir zu berichten, was Sie in solchen akuten Augenblikken fühlen, wie verschieden Sie im Verhältnis zu anderen Zeiten empfinden, wie Sie in diesem Augenblick in mancher Hinsicht ein verschiedener Mensch sind.»

Wie man sieht, war Prof. Maslow bei seinem Experiment hinter der Mystik her. Die Gefühle, um die es ihm ging, nannte er «peak experiences» – Gipfelerfahrungen, Spitzenerlebnisse.

Auch der Schweizer Psychiater und Psychotherapeut Balthasar Staehelin (geb. 1923) beschäftigt sich mit solch lebensbejahenden Augenblicksgefühlen. Eine Leserin seiner Bücher, etwa 40 Jahre alt, schrieb ihm einen Brief, in welchem sie ein mystisches Erlebnis miteilt:

«Nun saß ich also hin – gerade, entspannte Haltung, ruhige Atemzüge, vollständige Stille; Meditation hatte ich schon zur Zeit meiner Studien des Buddhismus geübt. Aber auch das Trachten nach Nichtdenken und Nichtwollen war schon zuviel. Eines Tages, so aus Zufall, ohne etwas zu beabsichtigen, saß ich einfach hin, und da geschah das Wunder. In überwältigender Realität blühte ein neues Bewußtsein in mir auf, es ist unmöglich, dies genau zu beschreiben, aber eines läßt sich sagen: ich fühlte mich allen Menschen, der ganzen Schöpfung auf wunderbare Weise verbunden, empfand das Göttliche im ganzen als unzerstörbares Licht, als alles durchleuchtende Liebe.»

Ein Spitzenerlebnis im Sinne von Prof. Maslow.

Solche Erfahrungen, so behaupten Maslow und Staehelin übereinstimmend, können prinzipiell von jedermann gemacht werden, mit wohltätiger Wirkung auf die seelische Gesundheit bzw. als Ausdruck derselben.

Von kompetenter Seite werden die Anfänger auf diese Weise ermutigt; Mystik ist nicht nur für gottselige Nonnen und buddhistische Mönche da, wissenschaftliche Gründe sprechen für eine weitverbreitete Begabung zu mystischen Spitzenerlebnissen. Maslow und Staehelin verbreiten einen Optimismus; was einstens nur den auserwählten Wenigen vorbehalten war, kommt unters Volk; die Mystik wird sozusagen sozialisiert.

Die Anfänger werden fragen: Aber wie?

Nun, zum Beispiel durch den Griff nach verbotenen Früchten, durch das Denken verpönter Gedanken, im Sinne Evas, der Mutter der Lebendigen.

So stelle ich mir die Antwort der Eva auf die (eingangs zitierte) Umfrage von Prof. Maslow vor.:

Ich heiße Eva und lebe mit meinem Mann in einer dürftigen Steppengegend, wo hauptsächlich Dornen und Disteln wachsen. Früher haben wir in einer Oase gelebt, und dort hatte ich die wunderbarste Erfahrung meines Lebens. Die Oase war weitläufig und bestens gepflegt. Datteln und Feigen und Bananen wuchsen auf den Bäumen, in einem klaren Wasser schwammen allerlei wohlschmeckende Fische, und in einem kleinen Wald spielte ich mit Adam Verstecken. Alle Tiere waren freundlich zu uns, wir verstanden ihre Sprache. Außer uns beiden gab es keine Menschen in diesem Paradies. Wie wir dorthin gekommen sind, weiß ich nicht. Der Besitzer der Oase war ein alter Mann, ein gewaltiger Zauberer. Wir bekamen ihn selten zu Gesicht, nur manchmal ging er im Paradies spazieren und erzählte uns dann Geschichten. Wir fürchteten und verehrten ihn, und obwohl er in menschlicher Gestalt erschien, zweifelten wir nicht an seinem überirdischen Wesen. Wir nannten ihn: Herr Gott.

Einmal, als wir keine Kinder mehr waren, zeigte Herr Gott uns einen Baum, den wir bis dahin nicht besonders beachtet hatten. Die Früchte, die auf ihm wuchsen, waren uns unbekannt. Herr Gott sagte: Rührt nicht an die Früchte dieses Baumes und esset sie auf gar keinen Fall, damit ihr nicht sterbet!

Als wir Herrn Gott fragten, was das denn für ein gefährlicher Baum sei, antwortete er: Das ist der Baum der Erkenntnis des Guten und Bösen.

Seit dieser Baum verboten war, übte er auf mich eine starke Anziehungskraft aus. Ich sprach darüber mit der Schlange, dem klügsten Tier in unserem Paradies, und sie ermutigte mich, die geheimnisvollen Früchte zu kosten. Eines Tages, als Herr Gott nicht da war, pflückte ich eine Frucht von dem verbotenen Baum und ließ auch Adam davon kosten. Während wir aßen, verwandelte sich für uns die Welt. Wir sahen einander mit anderen Augen und fühlten eine Lebensfreude in uns, die wir vorher nicht gekannt hatten. Es ist schwer, dieses Erlebnis genau zu beschreiben, aber sicherlich waren wie beide seitdem verändert.

Wir wurden von Herrn Gott aus dem schönen Paradies vertrieben, und bald bekam ich mein erstes Kind, den Kain. Ich bereue es nicht, nach der verbotenen Frucht gegriffen zu haben.

58 So weit das Spitzenerlebnis der Eva. Ihre Neugier war stärker als ihre Angst vor dem Verbot, und das war gut so, denn sonst wäre die Erde menschenleer geblieben.

Auch Abraham hat seine Angst vor einer ungewissen Zukunft besiegt. Er verließ seine Verwandtschaft und seine Heimat und begab sich auf eine weite Reise in ein unbekanntes Land. Die Bibel erzählt, daß er dafür mit mehreren Spitzenerlebnissen belohnt wurde, mit Wahrträumen und Gotteserscheinungen.

Und erst Moses! Wie mißtrauisch und ängstlich er doch war, als ihm zum erstenmal seine Berufung klar wurde, beim brennenden Dornbusch! Trotzdem hat er den Exodus aus Ägypten für sein Volk bewerkstelligt, und zahlreiche Wunder werden aus seinem Leben erzählt.

Unermüdlich haben es die jüdischen Propheten gepredigt, bis zu Johannes dem Täufer und Jesus aus Nazareth, und viele von ihnen wurden deshalb ermordet: Ändert euch!

Haben die ersten Christen nicht wie die Verrückten auf die Posaunen des Jüngsten Tages gewartet, auf die völlige Verwandlung der Dinge?

Und als die Christenpriester satt und zufrieden geworden waren in ihren Pfarrhäusern, bei Weihrauch und Weihnachtsgans, da wurden sie gestört von denen, die weniger vergeßlich waren als sie und auch weniger satt. Manchmal brannte dann ein reiches Kloster, das war dann ein Spitzenerlebnis für die Rebellen – häufig ihr letztes.

Es ist zu beobachten, wie die Kinder und Kindeskinder der besiegten Rebellen in eine Sanftlebigkeit sich fügen, gezwungenermaßen, mit allerlei Innerlichkeit und Einkehr und Stillsitzen und Gottesbeschauung im Kämmerlein und Einssein mit dem All und Gewährenlassen und Seinsfrömmigkeit und Seelenkultur und Geistesfreundschaft und blauer Mystik, nicht roter.

Aus kriegerischen Taboriten wurden friedfertige Böhmisch-Mährische Brüder und Herrnhuter; aus wilden Wiedertäufern gedämpfte Mennoniten, die wanderten nach Amerika aus.

So kommt das Stillsitzen der von Prof. Staehelin zitierten Briefschreiberin (oben Nr. 57) nicht ganz von ungefähr. Dieses Stillsitzen hat seine triftigen historischen Gründe, in die sind wir verstrickt und wissen es gar nicht einmal mehr. Aus der Tiefe der Zeiten flüstert ein oftmals niedergeschlagener Veränderungswille, der ist den Juden und

Albigensern und Böhmen ausgetrieben worden, mit dem Resultat des Stillsitzenmüssens und schließlich eben sogar Stillsitzenwollens.

Womit der Gedanke sich nahelegt, daß die verbreitete Angst vor dem Neuen und der Veränderung nicht der Menschennatur entspringt, sondern der bitteren brutalen Vorvätererfahrung, die ist älter als die Bibel und lautet: Da kann man nichts machen.

Hierbei handelt es sich um die Erfahrung der Besiegten. Besonders deutlich in Indien, wo die Kultur des mystischen Stillsitzens ebenso alt ist wie die Kastenordnung – und die kam nicht von selbst, sondern wurde den dortigen Menschen von fremden Eroberern aufgezwungen.

Jene Mystiken des Stillsitzens, an deren Ursprung eine (später verdrängte) Unterdrückung steht, möchte ich die blauen Mystiken nennen, in Anlehnung an die blaue Blume der Romantik. Ihr gemeinsames Merkmal: Seinsfrömmigkeit und Seinlassen. Ein Respekt vor dem Bestehenden wird von den blauen Mystiken transportiert, ja verewigt. Die (ohnehin seltenen) Verzückungen des Subjekts bewirken nichts in der Außenwelt, die heiligen Kühe bleiben ungeschlachtet.

Auf dem Markt der industriellen Seelenarzneien haben die blauen Mystiken eine Monopolstellung errungen, als Therapie gegen Daseinsangst und Frustrationsgefühle, Stress und Schlaflosigkeit, Kontaktarmut und Lebensüberdruß. Ein vielfältiges Eiapopeia, ein Raunen vom Daseinsgeheimnis vorm Einschlafen.

Wie gesagt (in der achten Lektion): Nichts gegen eine Prise Opium, solange der Patient über die Zusammensetzung des Medikamentes Bescheid weiß und seine Abhängigkeit von der Droge ironisieren darf. Solange die stimulierenden Mittel nicht unterschlagen werden, als wertvollerer Teil der Seelenarzneien.

Einer seltsamen und geheimnisvollen Gilde ist hier zu gedenken, 59
jener der Alchemisten. Es gab sie gut 1500 Jahre lang, bevor sie verschwunden ist, in der Neuzeit. Stets getarnt und äußerst verschwiegen, hat diese Bruderschaft allmählich ein feines internationales Beziehungsnetz über Länder und Zeiten gelegt, von Bagdad bis London, von Cordoba bis Prag, mit Juden, Muslimen und Christen als verschworenen Adepten. Nicht wegen der Goldkocherei wird ihrer hier Erwähnung getan. Sondern wegen der Röte in ihrer Mystik, will sagen ihrer Materiefreundlichkeit, der allemal lehrreichen und konsequent unterdrückten, ausgehend von der aufgehenden Sonne der nobelsten menschlichen Strebung, der nach Verwandlung.

Ums Jahr 1000, als der christliche Westen ein ungehobelt barbarischer Vorposten der (von Japan bis Gibraltar reichenden) zivilisierten Welt war, eine armselig bäuerliche Landschaft aus Lichtungen und verstreuten Siedlungen, hinterwäldlerisch im Vergleich zu Byzanz und Bagdad, ohne sonderlichen Handel und Wandel, da diskutierten im Morgenland die «Lauteren Brüder» mit dem gelehrten Arzt, Naturwissenschaftlicher und Philosophen Ibn Sina (= Avicenna) über das Wesen der Materie. Diese lauteren Brüder (oder «treuen Genossen»), ein Geheimbund oppositioneller Gebildeter aus dem Irak, verfaßten eine umfangreiche Sammlung wissenschaftlicher Traktate, eine Art Enzyklopädie. Für die Geschichte der modernen Naturwissenschaften ist dieses Werk eine der wichtigsten Quellen, nicht zuletzt wegen der darin überlieferten Chemie. (Arabisch: al kimija = Chemie.) Die Sprache der lauteren Brüder war eine esoterische (= nur den Eingeweihten verständlich), also kodierte, mit allerlei dunklen Anspielungen und Tarnungen versetzt. Solche Praxis der Verhüllung ihrer Lehren hatten die lauteren Brüder von oppositionellen Traditionen der griechisch-römischen Antike übernommen, den Pythagoreern, den Hermetikern, Gnostikern, Manichäern, Neuplatonikern. Tatsächlich lassen sich die Weisheiten der Alchemie bis ins vierte nachchristliche Jahrhundert mit Sicherheit zurückverfolgen, in jene Epoche also, in der sich ein siegreiches Christentum über die buntscheckige Kultur des späten Hellenismus gelegt hat. Damals schlossen sich die aus ihren Tempeln vertriebenen ägyptischen Priester zu Geheimbünden zusammen und hüteten ihr altes Wissen, das offiziell verboten war und als heidnisch galt. Dieses Wissen führte allerlei technische Anweisung für den Umgang mit Metallen und Essenzen mit sich, begleitet von der Absicht der Entbindung des Feinstofflichen aus dem Groben.

In dem gnostischen Kauderwelsch der erhaltenen Schriften dieser Art, exemplarisch in denen des Zosimos († um 303) webt eine Mystik, die hat – aller Versponnenheit zum Trotz – eine Befreiung im Sinn, bleibt beweglich und quecksilbrig, blickt nach den Sternen, laboriert an der Versöhnung der gespaltenen Welt. Wenn manchen Alchemisten die Materie als böse galt, dann deshalb, weil sie ein Urlicht gefangen hält, und das soll heraus. Andere dachten vom Stoff weit höher, nicht klotzig oder atomistisch, sondern gärtnerisch. Milden Hitzen wurden die Grundsubstanzen ausgesetzt, mit Geduld und über Monate, im Sinn einer Art Herausdestillierung der latenten feinmateriellen Samen zu neuen Gebilden.

Wohl wahr: Mit dieser Art Behutsamkeit bei mäßigen Temperaturen, mit diesem Respekt vor den gewaltigen schlummernden Stoffkräften konnte nie an eine Zertrümmerung des Atoms gedacht, geschweige denn ein derartiger Gewaltakt in Angriff genommen werden. Zur modernen Atomphysik wäre die Alchemie niemals gelangt – was nicht unbedingt gegen sie spricht.

Die scheinbare Harmlosigkeit der alchemistischen Experimente steht im Kontrast zu der Tatsache, daß diese verschwiegenen chemischen Brüder über die Zeiten hinweg so konsequent vorsichtig blieben, ihr Kernwissen nur den lange Geprüften weitersagten, nach außen hin als fromme Muselmanen, Juden oder Christen lebten.

Zu erinnern ist hier an den Grundsatz (oben Nr. 9), daß das Vorhandensein von Geheimnissen ein sicheres Indiz für soziale Konflikte ist.

Einen Hinweis für die Gefährlichkeit der Alchemie für die Obrigkeiten des Mittelalters, Kalifen und Päpste, können wie den Beziehungen der «treuen Genossen» zu Avicenna entnehmen. Letzterer, von Päpsten und Kalifen gleichermaßen verdammt, lehrte die Ewigkeit der Materie und ließ aus ihr die Welt blühen, unverursacht von Gott. Der (philosophische, keineswegs konfessionelle) Gott des Avicenna ist als freundlich fördernde Instanz gedacht, die schickt Intelligenzen herab, über Planetengeister zum Mond, von wo die Vernunft demokratisch auf die Menschen verteilt wird, unterschiedslos. Das Aufblühen von unten findet in diesem System ein obrigkeitliches Entgegenkommen, Lichtsphäre und Materialität sind aufeinander angewiesen. Solches Denken war ein Affront gegen das feudalistisch hierarchische Wesen der Epoche, ohne Zweifel.

Ferner: Wenn die Vernunft gar allen Menschen gemeinsam ist, dann fällt die Absolutheit der konfessionellen (islamischen oder christlichen) Orthodoxie dahin; die menschliche Vernunft hat ihr Licht von Gott und nicht vom Papst oder Kalifen.

Solch kirchenfremde Gedanken gingen auch unter den alchemistischen und sufistischen Mystikern um, mit vorhandener Beziehung zu Albigensern und Freigeistern, bis hin zu Eckhart und den Linksfranziskanern im Hochmittelalter.

So haben die Alchemisten nicht nur mit Schwefel und Quecksilber experimentiert, sondern die obrigkeitlichen Orthodoxien heimlich relativiert, den öffentlichen Kult zwar mitvollzogen, aber in ihrem stillen Sinn als Verschleierung der Wahrheit verstanden, wenn nicht gar als Opium des Volks. Aufklärungsgedanken sind also auf diesem ost-westlichen Diwan gedacht worden, 600 oder 700 Jahre vor Lessing. Dessen Ringparabel (im «Nathan») läßt sich denn auch – über Boccaccio – bis zum Hof des sarazenisch beeinflußten zweiten Friedrich von Hohenstaufen zurückverfolgen. An der von Friedrich gegründeten Universität in Neapel arbeiteten und lehrten christliche, jüdische und arabische Gelehrte einträchtig nebeneinander, unter ihnen Alchemisten, mit allerhöchster Protektion.

Solch obrigkeitliche Förderung für die Alchemie war jedoch selten, und erst das Zeitalter der bürgerlichen Revolutionen hat einige von jenen Ideen politisch verwirklicht, die im Mittelalter als gefährliche Schwarmgeisterei galten – die religiöse Toleranz und die Freiheit in Forschung und Lehre.

Andere alchemistische Gedankengespinste warten hingegen bis heute darauf, daß man mit ihnen öffentlich experimentiert, daß deren Mystik politisch wird, nämlich nützlich für alle, wie die in Akupunktur-Praxis umgesetzte Yang-Yin-Theorie.

Welche Gedankengespinste?

Um die Phantasie und den Widerspruch der Anfänger herauszufordern, darf die Antwort chiffriert gegeben werden:

Die Auferstehung des Fleisches – hüben und nicht drüben; die Transsubstantiation – als gesellschaftlich besiegter Tod. Oder, in Anlehnung an den Herzenswunsch meiner Mutter: Der Haupttreffer für jedermann.

An der Frage, ob der Haupttreffer für jedermann möglich ist (irgendwann, irgendwo, aber hienieden), scheiden sich die Geister. Die Anhänger der blauen Mystik werden sagen: Nein. Und sie werden hinzufügen: Und außerdem ist das Geistige wichtiger als ein Haupttreffer.

Die Anhänger der roten Mystik werden sagen: Ja. Und sie werden hinzufügen: Was könnte man unternehmen, daß alle Menschen ihren Haupttreffer bekommen?

Daß ich der roten Mystik zuneige, wird angesichts der marktbeherrschenden Stellung der blauen Mystik nicht überraschen.

Hier ist ein Zitat aus meinem Buch «Jesus in schlechter Gesellschaft» (das Schlußkapitel):

So ließe sich der Möglichkeitssinn geradezu als die Fähigkeit definieren, alles, was ebensogut sein könnte, zu denken, und das, was ist, nicht wichtiger zu nehmen als das, was nicht ist. Diese Formulierungen, das darf nunmehr gesagt werden, beschreiben angemessen den Impuls, aus dem heraus unser Buch geschrieben wurde. Es will eine Übung im Möglichkeitsdenken sein, ohne Realitätsverlust, und Jesus ist der Mensch, dem eine wirkliche Sache nicht mehr bedeutet als eine gedacht.

Das folgende Zitat ist aus meinem Buch «Tod und Teufel» (das Schlußkapitel):

Zwischen Wandlung und Kommunion fallen meine Augen einige Male auf die verwandelte Hostie. Meine Augen neigen dazu, keinerlei Veränderung wahrzunehmen. Sie sind für die Wahrnehmung der Wandlung denkbar ungeeignet. Gleichwohl geschieht es dann und wann, daß für Augenblicke ich mir vorkomme, als ob ich mit den Augen in die Hostie eindringen, in sie einsinken würde, zusammen mit dem Gefühl, mich in einer Wölbung zu befinden. Diese Empfindungen habe ich wirklich. Ich möchte sie ungern unterdrücken. Ich vermag sie andere Menschen, auch befreundete, nicht zu lehren. Sie ist mir wichtiger als die Wahrnehmung zweier Menschen auf dem

Mond auf dem Bildschirm eines Fernsehgerätes. Für mich ist die Wandlung wirklicher als die Mondlandung.

Wandlungsempfinden und Möglichkeitsdenken drücken die Bewegung in meiner Mystik aus, als Jetztschon und Nochnicht. Beide stehen, aufgrund meines Lebenslaufs und der für mich maßgebenden Kultur, in einem Zusammenhang mit der Jesusgestalt – nicht der kirchenoffiziellen, sondern der ketzerischen roten wärmegebenden.

Angesichts der fröhlichen Gottlosigkeit halte ich es für unangemessen, meine Hostienempfindungen und Heilandsgefühle den Anfängern zur Vorschrift zu machen. Ich vermag lediglich mitzuteilen, was ich aus diesen Gefühlen gelernt habe, welche Arbeit sie in mir getan und wie sie sich mit mir verändert haben. Ferner kann ich versuchen, meine eigenen Verwicklungen in (antike und mittelalterliche) Vergangenheiten zu verfolgen und die Frage zu stellen: Was soll vergessen bleiben und was nicht.

Der alchemistische Jesus bringt uns in die Neuzeit. Er setzt den Hostienjesus (die Transubstantiation) und den Auferstehungsheiland voraus und läßt mit sich experimentieren, als lebendige Blüte der Materie. Hinter den rosenkreuzerischen Ausschmückungen der späten westlichen Alchemie (vor ihrem Erlösen) werden Absichten merklich, die der junge Marx – beispielsweise – treffsicher aufgenommen hat, Böhme zitierend:

«Unter den der Materie eingebornen Eigenschaften ist die Bewegung die erste und vorzüglichste, nicht nur als mechanische und mathematische Bewegung, sondern mehr noch als Trieb, Lebensgeist, Spannkraft, als Qual – um den Ausdruck Jakob Böhmes zu gebrauchen – der Materie.»

Die Tendenz dieses Materialismus hat mit dem heute geläufigen, west-östlich auf den Hund gekommenen wenig gemein. Weshalb es berechtigt ist, älteren Tendenzen der Materie-Mystik nachzuforschen als den neuzeitlich zum Zuge gelangten ausbeuterischen, nach Mineralöl stinkenden.

Christliche Spuren einer materialistischen Frömmigkeit sind, als Einsprengsel sozusagen, im Heilandsglauben anzutreffen. Ein gewisser Johannes von Damaskus beispielsweise, zwischen 650 und 750 als christlicher Theologe unterm Islam lebend, hat die Gottesgegenwart in der Christusgestalt schon recht prinzipiell verstanden, als Einwohnung Gottes in der Materie, mit dem Christus als reeller Ikone des ewigen Vaters: «Ich beuge mich nicht vor der Materie, sondern ich beuge mich vor dem Schöpfer der Welt, der um meinetwillen Materie wurde und geruht hat in der Materie zu wohnen, und durch die Materie mir Erlösung gebracht hat. Ich werde nicht aufhören, die Materie zu verehren.»

Das war orthodox gemeint und gegen die Zertrümmerung der

Christus-Ikonen geschrieben, welch letztere nur dem Hostienheiland die göttliche Materialität zuerkannten, nicht aber den gemalten Bildern.

Immerhin war, bei den orientalischen Freunden und Feinden der Christus-Ikonen, von göttlicher Materie ganz allgemein und geradezu selbstverständlich die Rede – ein Unding für die okzidentale Orthodoxie bis heute. Weshalb die Andacht vor der Materie sich nur im Untergrund der westlichen Christgläubigkeit fortgepflanzt hat, vornehmlich bei den Alchemisten.

Tendenziell fromm-materialistisch sind, neben der grundlegenden Menschwerdungsidee, im Heilandsglauben zwei Inhalte: Die Hostienandacht und die Sprengung des Grabes am Ostermorgen.

Beide Inhalte transportieren – als gottesdienstliche Mysterien – die Wandelbarkeit der Materie, nicht-dualistisch (oben Nr. 6), widersprüchlich bewegt: Brot bleibt Brot und ist (wird) doch der Gott. Der Auferstehungsleib bleibt menschlich, in und gegen seine verklärende Transformierung.

Was nun den alchemistischen Jesus anlangt, so führt er die Bewegungsrichtung von unten durch, in der Karsamstagdämmerung des versiegelten Grabes. Dort arbeitet der göttliche Stoff, nicht mehr Leiche und noch nicht Phönix, an seiner Verwandlung. Nicht von oben her samenhaft einschießend wird dieser Prozeß gedacht, sondern aus sich heraus seine Transsubstantiierung betreibend.

Der Alchemist, als Laie mit keinerlei priesterlichen Zauberkräften begabt, ist vor der Versuchung der Sakramentenverwalter gefeit: den Prozeß mit seinem Ergebnis zu verwechseln und Gnadengewißheit als trügerische Leibhaftigkeit des Heils zu verkaufen, als Taufe und Abendmahl. Der Statur nach ein Experimentierer, hält der Alchemist die Spannung zwischen Nochnicht und Halleluja aus, es gibt für ihn keine letzten Wahrheiten, das Offenbarwerden der gottbegabten Stoffkräfte ist unabgeschlossen, also offen nach vorn, im Widerspruch zum zweiten Satz der Thermodynamik befindlich, demzufolge der allgemeine Wärmetod bläulich bevorsteht, als letztes Ziel des Umgangs der Materie mit sich selbst.

Ins Soziale übersetzt, hat der alchemistische Jesus seine maskulinen Eigenschaften abgelegt und befindet sich damit in Opposition zum aggressiv männlichen Zivilisationsbetrieb der Epoche. Ferner arbeitet er von unten her am Wandlungsprozeß, nicht gesetzgeberisch obrigkeitlich, vielmehr seufzend und unter Tränen, mit mancherlei mißlungenen Experimenten und gelegentlich explodierenden Versuchsgefäßen.

Dieser Gottesleib nimmt, in seinem höchsten Wunschwesen, als verwandeltes Brot und als grabsprengender Todüberwinder, nie von seiner Leibhaftigkeit Abschied, setzt somit ein Kontra gegen die

Spirituskocherei der hauptberuflichen Vergeistiger. Im alchemistischen Jesus lebt eine gute Urwüchsigkeit jenes Volksglaubens fort, der niemals auf den Wunsch nach Reichtum und gutem Leben verzichten hat mögen, auf sinnliche Bedürfnisbefriedigung als Bitte an die Götter, seit altersher. Nicht Verzückungen spiritueller (und blauer) Art, um ein Beispiel zu geben, hat Moses seinen Leuten versprochen, sondern ein Land, das von Milch und Honig fließt.

Der Wunsch nach dem Haupttreffer ist religionsgeschichtlich bestens belegt, und der alchemistische Jesus hat volles Verständnis für ihn.

Meine wöchentlichen Besuche bei meiner Mutter verliefen nach ei- 60
nem einfachen Ritual. Ich besuchte sie am Sonntagabend. Zuerst kam das gemeinsame Essen. Dann las ich Zeitung und Kriminalromane, während meine Mutter Patiencen legte. Manchmal, wenn unser Gespräch sich der Vergangenheit zuwandte, kramte meine Mutter Fotografien und Briefe hervor, und wir erinnerten uns gemeinsam an alte Zeiten. Auf diese Weise kam die Rede auch einmal auf die von mir vernichteten Wahrsagekarten, und ich nahm mir vor, ein neues Paket zu kaufen.

Mit diesen Karten haben wir dann einen unterhaltsamen Abend verbracht. Meine Mutter versuchte sich noch einmal in der Kunst des Wahrsagens, in eher spielerischer Weise, unter Berücksichtigung meiner (ebenfalls anwesenden) Herzensdame.

Die Dame trägt in den Wahrsagekarten die Nummer 29, der Herr die Nummer 28. Diese beiden Karten sind die wichtigsten.

Die erwähnten Wahrsagekarten befinden sich noch in meinem Besitz. Sie stammen aus der Wiener Spielkartenfabrik Ferdinand Piatnik & Söhne, Produktionsnummer 69, zu 36 Blatt. Der beiliegenden Erklärung ist zu entnehmen, daß das Wahrsagespiel eine genaue Kopie jener Karten darstellt, mit Hilfe derer die berühmte Wahrsagerin Mlle. Lenormand dem Kaiser Napoleon I. seine zukünftige Größe voraussagte.

Jedes Kartenblatt trägt ein Bild und eine Nummer.

Zum Beispiel:

Nr. 3: Schiff. (Reichtum durch Erbschaft oder Handel. Ist diese Karte Dir nahe, so machst Du eine weite Reise.)

Nr. 7: Schlange. (Bringt Verrat oder Verlust.)

Nr. 13: Kind. (Bezeichnet guten Umgang und zarte Güte.)

Nr. 14: Fuchs. (In der Nähe warnt er vor listigen Personen und Neidern; in der Ferne hat diese Karte keine Deutung.)

Nr. 24: Herz. (Ein Beweis des Glückes und der Freude.)

Und so weiter.

Die Karten werden von links nach rechts aufgelegt, in vier Achterreihen untereinander. Die restlichen vier Karten legt man als fünfte Reihe, indem man unter der dritten Karte der vierten Reihe beginnt. Ist die Person, welcher wahrgesagt wird, männlichen Geschlechts, dann dient die Nummer 28 als Bezugskarte, bei weiblichen Personen die Nummer 29. Am wichtigsten sind jene Karten, die der Bezugskarte am nächsten liegen.

Ein Beispiel für ein dauerndes Glück zweier Liebender:

Nr. 28 und Nr. 29 liegen nebeneinander, umgeben von Nr. 4 (Haus), Nr. 9 (Blumenstrauß), Nr. 16 (Stern), Nr. 18 (Hund), Nr. 20 (Garten), Nr. 35 (Anker).

Ein Beispiel für einen plötzlichen Verlust:

Sarg (Nr. 8) in der Nähe des Herrn; Brief (Nr. 27) und Wolken (Nr. 6) bei der Dame.

Ein Beispiel für eine Ortsveränderung:

Die Bezugskarte ist umgeben von Nr. 17 (Storch: Lokalveränderung), Nr. 3 (Schiff: weite Reise), Nr. 26 (Buch: Geheimnis), Nr. 22 (Wege: Auswege aus mißlichen Lagen). Und so weiter.

Es ist auffällig, daß es kaum eine Karte in dem Wahrsagespiel gibt, die eine dauernde Feststellung im Glück anzeigt. (Allenfalls der Stern und der Baum, letzterer in entfernter Position, sowie der Berg, ebenfalls in entfernter Position, können als solche Indikatoren aufgefaßt werden.) Die überwiegende Mehrzahl der Karten zeigt Veränderungen an, günstige bzw. ungünstige. Reine Glückskarten bzw. Unglückskarten sind selten und halten einander das Gleichgewicht (fünf zu fünf Karten). Alle übrigen Karten sind zweideutig, je nach ihrer Position können sie Glück oder Unglück anzeigen. Die Grundkategorie der Wahrsagekarten ist demnach die der Veränderung.

Es ist dies auch die Grundkategorie der materialistischen Denker, von Avicenna bis Marx.

Meine Mutter war im Grunde ihres Wesens ein ängstlicher Mensch, und von Veränderungen erwartete sie sich eher Ungünstiges als Günstiges. Als ich sie einmal nach kindlichen Schreckenserlebnissen fragte, konnte sie sich nur an den Keller erinnern, in den sie zur Strafe manchmal gesperrt wurde, von ihrer Mutter. (Die Mutter meiner Mutter hieß mit Vornamen Anna und stammte aus Dalmatien.)

Die Grundlage für die fundamentale Ängstlichkeit meiner Mutter in bezug auf die Zukunft lag jedoch nicht in ihrer Kindheit, denn die war heiter, behütet und sorglos. (Der Vater meiner Mutter hatte einen gutgehenden Kleingewerbebetrieb, er fertigte Jalousien an.)

Die Besorgtheit meiner Mutter hatte ihre Wurzeln vielmehr in der langen Erfahrung unsicherer wirtschaftlicher und politischer Verhältnisse in der ersten Hälfte des 20. Jahrhunderts. Es war dies der Zeitraum, in dem meine Mutter die kräftigsten und bewegtesten Jahre ihres Lebens verbrachte, und gute Nachrichten standen damals nur selten in der Zeitung. Die Arbeitsplätze waren meist knapp, und ebenso verhielt es sich mit dem Geld, jedenfalls für meine Mutter.

Die ständig wiederkehrende Frage meiner Mutter an mich, auch während meiner fetten Jahre, lautete: Hast du finanzielle Sorgen?

Eine gut materialistische Frage.

Die Konflikte mit der Obrigkeit, in die ich während der letzten zehn Jahre vor dem Tod meiner Mutter geriet, verfolgte sie mit Angst und Sorge. Besonders die gelegentlichen Knalleffekte in diesem Streit (Fernsehauftritte, Zeitungsmeldungen usw.) machten ihr Kummer, und sie bat mich, doch endlich Ruhe zu geben. Mehrmals sagte sie zu mir: Beim nächstenmal wird mich bestimmt der Schlag treffen.

Meine Mutter hatte ein krankes Herz.

Gleichzeitig hat sie ihren zunehmenden Unwillen über die «Schwarzen› nicht verleugnen mögen. (In Österreich heißen die konservativ klerikalen Kreise «die Schwarzen».) Als die Sozialdemokraten («die Roten») nach dem Ende des Zweiten Weltkrieges den Zeitungsbetrieb übernahmen, in dem meine Mutter gearbeitet hatte, wurde sie entlassen. Für die Roten galt meine Mutter als Schwarze, weil sie durch die Vermittlung der Schwarzen (im Jahr 1934) angestellt worden war. Für die Roten war meine Mutter deshalb eine «Austrofaschistin».

Diese Kränkung durch die Roten hat meine Mutter nicht daran gehindert, ihre beruflichen, politischen und kirchlichen Erfahrungen (letztere durch mich) mit den Schwarzen kritisch zu verarbeiten. Ihre Beurteilung der Schwarzen wurde zunehmend aggressiver, sie sprach gelegentlich von der «schwarzen Brut».

Die allmählichen Veränderungen meiner grundlegenden Einstellungen (zu den Frauen, zur Politik, zum kirchlichen Dogma) haben meine Mutter weitaus weniger beunruhigt als die von ihr befürchteten unangenehmen ökonomischen Konsequenzen aus meinem konflikthaltigen Anderswerden. Sie hat jedenfalls nie zu mir gesagt:

Bleib, wie du bist.

Diesen Rat erhielt ich von meinem Beichtvater, im Jahr 1954, zwei Monate vor meiner Priesterweihe, in brieflicher Form.

Hier ein Auszug:

«Was ich eigentlich am Sonntag wollte? Vielleicht wirst Du Dich etwas wundern. Ich wollte mit Dir ins Zimmer gehen und dort mich vor Dich niederknien und Dich mit aufgehobenen Händen bitten, nein, nicht bitten, beschwören, nein auch nicht, bestürmen, oder darf ich es sagen, wie ich es spüre, hinausschreien: Adolf, bleib, wie Du bist! Bleib doch so, immer, bis an Dein Lebensende, bis Du so, so, wie Du bist, vor den ewigen Richter hintreten darfst!!! O, wenn Du wüßtest, wie mir das aus tiefstem Herzen kommt! Wie bange mir oft um Dich ist!»

Der Anlaß dieses Briefes war eine Äußerung von mir, meine Einsamkeitsgefühle betreffend. Die Antwort des Beichtvaters, mündlich und schriftlich: «Bleib lieber allein! Solange Du allein bist, gibt es ein geistliches Leben. Dann nicht mehr.»

Das Bleib-wie-du-bist des Beichtvaters bezog sich aufs Alleinbleiben meinerseits. Seine Bangigkeit um mich, seine Angst, daß ich mich ändern könnte, hatte eine mögliche Gefährtin im Auge, als Ausschließungsgrund fürs geistliche Leben, mithin für die Mystik.

Daß nur der Einsame zur Erleuchtung gelangt, ist ein Kernsatz der blauen Mystik, mit dem Philosophen Plotin († 270 n. Chr.) als klassisch antikem Ahnherrn, inklusive fernöstlichen Einflüssen. Die Gedankengänge des Plotin sind nicht-materialistisch. Obwohl selber kein Christ, hat er den christlichen Neuplatonismus nachhaltig geprägt, und der wiederum lief, über Augustinus (siehe oben Nr. 35) und Dionysios den Areopagiten (um 500) in die mittelalterliche rechte Mystik, zu Hugo († 1141) und Richard († 1173) von St. Victor nach Paris, von wo er dann schließlich zu mir gelangt ist, sozusagen unverfälscht und in knappster Form: Bleib lieber allein.

61 Die Angst der blauen Mystik vor der Veränderung durch sinnliches Liebesglück entspricht genau ihrer idealistischen Haltung, ihrer Bevorzugung des «Geistigen». Sie entspricht ihrer politischen Stillheit ebenso genau. Die mystisch Vereinzelten sollen sich nicht assoziieren zum Zweck der Veränderung der Verhältnisse.

Es ergibt sich der Merksatz:

Die blaue Mystik wirkt dissoziativ.

Daß meine Mutter vorm Tod keine Furcht hatte, wirkt auf mich noch heute erstaunlich, bei ihrer sonstigen Ängstlichkeit. Gelegentlich äußerte sie den Wunsch nach einem raschen, schmerzlosen Ende. Dieser Wunsch ging in Erfüllung.

Der Tod fällt, nicht nur im System der Wahrsagekarten, in die Kategorie der unangenehmen Veränderungen. Dennoch hat er meine Mutter nicht sonderlich beunruhigt, sie hat über dieses Thema in sachlichem Ton gesprochen, und nur der Gedanke ans Abschiednehmenmüssen von mir hat sie traurig gestimmt.

Meine Mutter hat den Tod als Verwandlung betrachtet, ohne sich freilich von den damit verbundenen Wunschinhalten (Himmel, ewiges Leben, Wiedersehen im Jenseits usw.) sonderlich beeinflussen zu lassen.

An ihrem Todestag wurde sie, wegen eines plötzlich aufgetretenen Lungenödems, rasch ins Spital gebracht. Ich traf sie dort bei vollem Bewußtsein, mit der Klammer des Sauerstoffgeräts an den Nasenflügeln. Es wurde nicht viel gesprochen. Sie meinte, daß es nun mit ihr zu

Ende gehe, und bedankte sich bei mir «für alles». Als ich von ihrem Bett zurücktrat und sie von den Krankenschwestern ein wenig höher gebettet wurde, veränderte sich ihr Zustand ganz unerwartet, und es wurde ein Herzalarm gegeben. Ich mußte den Krankensaal verlassen. Als ich, nach nicht einmal zehn Minuten, wiederum hineindurfte, war alles vorüber.

Aus dem Nachlaß meiner Mutter nahm ich, neben anderen Andenken, einen kleinen Blumentopf mit Parma-Veilchen zu mir. Die Veilchen begannen nach zwei oder drei Monaten zu blühen, und ich gieße sie täglich.

Die Farbe der Veilchen ist rotlila.

Vierzehnte Lektion

Das siebte, was die Anfänger lernen müssen, ist die Pflege der Ketzergesinnung

62 Die Ketzergesinnung hat eine ehrwürdige Tradition, die kann bis zu den ägyptischen Grabräubern zurückverfolgt werden (oben Nr. 7). Ihre vorsichtigste Spielart haben wir den «inneren Vorbehalt» genannt (ebendort). Manchmal äußert sie sich lediglich in einem amüsierten Lachen, wie an dem biblischen Beispiel der Sara ersichtlich.

Das Lachen der Sara:

Vor langer Zeit erhielt der Vater Abraham göttlichen Besuch, in Gestalt von drei Männern. Abraham bewirtete sie, und beim Abschied versprachen sie, nach einem Jahr wiederzukommen. Dann würde Sara, die Frau des Abraham, einen Sohn haben. Sara befand sich im Zelt und lauschte von dort den Reden der Männer. Sie war nicht mehr die Jüngste, und es «erging ihr nicht mehr nach Frauenart». Als sie von dem bevorstehenden Kindersegen hörte, mußte sie lachen. Der göttliche Besuch zeigte sich über dieses Lachen befremdet, Sara bekam es mit der Angst zu tun und behauptete, überhaupt nicht gelacht zu haben. Darauf Gott: Doch hast du gelacht.

Gott liebt es nicht, wenn man über ihn lacht.

Gott läßt sich auch nicht gerne anschreien.

Deshalb sagte er zu Moses während der langen Wüstenwanderung:

Warum schreist du zu mir?

Offenbar hat Moses gelegentlich schreiend gebetet, und er wird seine Gründe dafür gehabt haben. Die Juden waren eine rebellische Gesellschaft, und sie murrten häufig gegen Gott.

Gelegentlich zweifelten sie sogar an ihm. Sie sagten:

Ist er unter uns oder nicht?

Der Anlaß für diese Frage war eine akute Wassernot. Moses sah sich gezwungen, ein Wunder zu wirken. Aber der Zweifel hatte ihn ebenfalls angesteckt, und als er mit seinem Stab gegen den Felsen schlug, wählte er eine skeptische Formulierung:

Können wir wirklich aus diesem Felsen für euch Wasser springen lassen?

Für diese Entgleisung wurde Moses von Gott streng bestraft; er durfte nicht ins Gelobte Land hinein.

Der – anonyme – Verfasser des sogenannten Hebräerbriefes (in der Christenbibel) macht aus dieser Strafe seltsamerweise ein gutes Beispiel. In seiner Abhandlung über den Glauben führt er eine lange

Liste gläubiger Menschen an, von Abel bis zur Hure Rachab, und sagt von ihnen:

Gläubig sind diese alle gestorben, ohne die Verheißung erlangt zu haben. Sie haben sie von ferne gesehen und begrüßt und haben gestanden, sich auf der Welt als Fremde und Wanderer zu fühlen. Sie geben zu verstehen, daß sie eine Heimat suchen. Hätten sie jene im Sinn gehabt, aus der sie weggingen, dann hätten sie ja Gelegenheit gehabt umzukehren. Nun aber verlangen sie nach einer besseren.

Auch Moses kommt in der erwähnten Personenliste vor, und seine Strafe wird zum Kennzeichen der Gläubigkeit. Der Tod des Moses fand nämlich laut biblischem Bericht auf einem Berg statt, von dem durfte er ins Gelobte Land hinüberschauen, bevor er starb – also «ohne die Verheißung erlangt zu haben». Er hat die Verheißung «von ferne gesehen und begrüßt».

Ich stelle mir gerne vor, daß Moses stehend gestorben ist.

Die persönlichen Kennzeichen gläubiger Menschen sind laut Hebräerbrief die folgenden, und sie entsprechen den Merkmalen der Ketzergesinnung:

1. Ortsveränderung. Wörtlich genommen ist damit eine Auswanderung gemeint. (Eva und Adam verlassen das Paradies; Abraham zieht in eine unbekannte schöne Ferne; die Juden kehren dem Ägypterland den Rücken.) Im übertragenen Sinn bedeutet die Exodusbewegung ein Neinsagen zum anerzogen Vertrauten, einen Dissens.

2. Lebenslange Suche nach der «besseren Heimat» – wörtlich und im übertragenen Sinn.

3. Erfolglosigkeit dieser Suche, jedoch «Begrüßung» der besseren Heimat «von ferne» – im übertragenen Sinn.

4. Weltfremdheit – im wörtlichen Sinn der Außenseiterei und reduzierten Angepaßtheit an die geltenden Sitten.

Punkt 4 wird im Glaubenskapitel des Hebräerbriefes wie folgt ausgeführt, anhand einer Art Personenbeschreibung gläubiger Menschen und ihrer Existenz, mit verallgemeinernder Tendenz (auszugsweise):

Sie schlossen Löwenrachen, löschten Feuersgewalt, kamen aus Schwäche wiederum zu Kräften. Frauen erhielten ihre Toten wieder. Andere wurden auf die Folter gespannt und nahmen die Freilassung nicht an. Andere mußten Spott und Geißelhiebe und obendrein Bande und Kerker erfahren. Sie wurden gesteinigt, zersägt, starben den Tod durchs Schwert, zogen in Verkleidungen umher, darbend, geängstigt, mißhandelt, irrten durch Einöden und Gebirge.

Um die Anfänger durch solch trübe Aussichten nicht von vornherein abzuschrecken, habe ich von ihnen lediglich die eine oder andere kleine Weigerung verlangt (oben Nr. 2). Daß sie den Status einer

Minderheit haben, wurde den Anfängern bereits mitgeteilt (oben Nr. 49).

Ich kann jetzt darangehen, die Anfänger auf das Erbe aufmerksam zu machen, das sie antreten sollen, auf das Testament, das vollstreckt gehört. Vorher kommt noch ein modernes Ketzergebet, verfaßt von Alexander Panagoulis:

Ich hab nicht richtig verstanden, Gott.
Sags bitte noch einmal.
Sollte ich dir danken
oder dir verzeihen?

63 Alle bekannteren Religionen haben als Ketzereien begonnen:

Das Judentum war eine Abkehr vom Götterbetrieb der damaligen Großmächte. Der Buddhismus opponierte gegen den alteingesessenen Brahmanenglauben in Indien. Die frühe Christenheit befand sich im Widerspruch zur staatstragenden Ideologie im römischen Reich. Der Islam richtete sich gegen das Christentum. Reformierte und lutheranische Christen waren mit der päpstlichen Herrschaft nicht einverstanden.

Das Erbe, das die Anfänger antreten sollen, ist mithin das ketzerische. Das Testament, das vollstreckt gehört, ist das Vermächtnis zahlreicher intelligenter Menschen, die das Bestehende nicht wichtiger nahmen als das Mögliche (oben Nr. 59) und aus diesem Grund als Narren oder Verräter beschimpft in mannigfacher Weise belästigt, bzw. als Verbrecher hingerichtet wurden.

Ein Blick in die allerneuesten Folterchroniken zeigt, daß Ketzereien auch heute noch vorkommen, und daß sie rüde bestraft werden, sogar in relativ zivilisierten Ländern. Ferner gibt es die subtileren Techniken der modernen Ketzerbekämpfung: die entstellende Berichterstattung, die Entfernung aus dem Amt oder der Parteiausschluß, das Lächerlichmachen, schließlich das totale öffentliche Schweigen.

Der Autor des in Nr. 62 zitierten Ketzergebetes war ein Führer der griechischen Widerstandsbewegung gegen die Militärdiktatur der Jahre 1967–1974.

64 Jene Anfänger, die nicht gern ins Gefängnis kommen (wohl die Mehrzahl, einschließlich des Verfassers), mögen wegen des soeben verlautbarten Erbantrittes nicht erschrecken. Immerhin ist weder meine Tante Rosa (Nr. 1, 2, 3) ins Gefängnis gekommen noch die heilige Klara von Assisi (Nr. 39–44), noch die Frau Walch (Nr. 28, 46). Auch der Philosoph Ernst Bloch ist nicht ins Gefängnis gekommen. (Manche seiner Gedanken über die rote Mystik und die Ketzergesinnung habe ich in meinem Buch verwendet, soweit sie mir für die Anfänger nützlich schienen.) Ich selber bin, trotz meiner Ketzereien (Nr. 11, 12), auch nicht

ins Gefängnis gekommen; ich darf Bücher schreiben und die Grenzen meines Heimatlandes überschreiten. Gelegentlich klopft mir sogar eine prominente Persönlichkeit auf die Schulter und sagt:

Wir brauchen solch mutige Menschen wie Sie!

Meine Mutter verfügte über keine Disposition zur ketzerischen Rebellion. (Sie war im Zeichen der Fische geboren.) Der innere Vorbehalt ist ihr jedoch vertraut gewesen, sie hat (wie in der Einleitung erwähnt) politischen Widerstand geleistet und bei zunehmendem Alter eine wichtige Lektion gelernt: Die Unterscheidung zwischen dem zumeist erzreaktionären Kirchenwesen und der Frömmigkeit.

Irgendwann schenkte ich meiner Mutter eine moderne Sammlung altertümlicher Gebete. Dieses Büchlein hat sie täglich zur Hand genommen, für ihre Privatandacht vor dem Schlafengehen, und übte sich auf diese stille Weise in der Unbescheidenheit. Mit sicherem Geschmack blieb sie beim Beten in der ihr vertrauten Kultur und fand darin Wärme und Zuversicht, unbelästigt von den geschwätzigen Modernismen atemloser Kirchenmänner.

Ohne die Erinnerung an meine Mutter wäre mein Buch weitaus aufgeregter und lehrerhafter geraten. Heute ist für mich die Ketzergesinnung eine lebensfreundliche Haltung, aus ihr kommen die guten Witze, die Lebhaftigkeit und der Einfallsreichtum. Rechtgläubigkeit, Angepaßtheit und Linientreue sind für mich langweilige Tugenden, und vor ihnen möchte ich die Anfänger warnen. Sie hindern die Anfänger daran, lebenslang nach der «besseren Heimat» zu suchen, der geheimnisvoll lockenden und zumeist unsichtbaren, nur «von ferne» wahrzunehmenden und zu begrüßenden. Sie wird in einem alten Ketzergebet anvisiert, daß im Lauf der Zeit sein ursprüngliches Drehmoment allerdings ziemlich verloren hat:

Zukomme uns dein Reich.

Ich möchte behaupten, daß eine jede Anfängerin und ein jeder An- 65
fänger über ein gewisses Minimum an Ketzergesinnung ohnehin verfügen. Einen streng wissenschaftlichen Beweis für diese Behauptung kann ich nicht erbringen; sie kommt lediglich aus meiner Erfahrung, die ich im Lauf vieler Gespräche über religiöse (und der Religion benachbarte) Gegenstände gesammelt habe mit Menschen unterschiedlicher Herkunft und Bildung. Bei Kindern ist die Ketzergesinnung wahrscheinlich am frischesten anzutreffen. Aber auch unter gedämpfteren Menschen tritt, bei günstiger Gelegenheit, eine beachtliche Originalität im Fragen, Zweifeln und Überzeugtsein zutage, bei der Erörterung der Daseinsgeheimnisse.

Beeinträchtigt wird diese Art Nachdenklichkeit durch einen (unverschuldeten) Mangel an Ausdrucksfähigkeit beim Vorantreiben der Sinnfragen, auch unter den Belesenen, eine Wortarmut also, vergleichbar der Dürftigkeit der (deutschen) Sprache in Liebesdingen. Dazu kommt eine weitverbreitete Gehemmtheit, persönliche religiöse Erfahrungen und Gedanken anderen Menschen mitzuteilen. Ich halte diese Hemmung derzeit für stärker als die im sogenannten Intimbereich.

Der Religionsunterricht im Pflichtschulalter (in Österreich beispielsweise rund 650 Unterrichtsstunden pro Kopf) vermochte bislang diese verbreitete Ausdrucksarmut in religiösen Dingen nicht zu bessern; wahrscheinlich ist er sogar ursächlich an ihr beteiligt. Dabei ist zu beachten, daß in den meisten Industrieländern – abgesehen von den kommunistisch regierten – die Mehrzahl der Schulkinder in irgendeiner Form Religionsunterricht haben.

Das Resultat solcher Unterweisung: Außer den Dichtern und Schriftstellern ist kaum jemand imstande, einfache Empfindungen und Gedanken religiöser Art – beispielsweise beim Betreten einer schönen alten Kirche – mit einiger Ausführlichkeit auszudrücken.

Völlige Hilflosigkeit ist beim Benennen komplexer Inhalte aus dem religiösen Erbe anzutreffen, etwa bei den Totalisierungen der Art von Wozu-dies-alles. Der Impuls zu solchen Fragestellungen ist durchaus da, mitten in der fröhlichen Gottlosigkeit, wenn auch sozusagen schüchtern und selten zu Worte kommend.

In diese kahle Landschaft setzen die Professionisten (Journalisten, Schriftsteller, Dichter) allerlei bunte exotische Blumen, unter Mitverwendung des Reizwortes «mystisch». Die meisten dieser Blumen sind aus Plastik. Ihre Künstlichkeit wird vom Publikum nicht ohne weiteres durchschaut, obwohl dieses Publikum nach all den Zauberkunststücken mit dem Ganz Anderen ebenso wortlos und dürftig nach Hause geht, wie es gekommen ist. Die moderne Mystikproduktion erfüllt in erster Linie die Wünsche ihrer Hersteller, und das sind die Intellektuellen. Diese empfinden – nach einem Befund des Soziologen Max Weber – das Bedürfnis, «neben allerlei anderen Sensationen auch die eines ‹religiösen› Zustandes als ‹Erlebnis› zu genießen, gewissermaßen um ihr inneres Ameublement stilvoll mit garantiert echten alten Gerätschaften auszustatten». Dieser Befund stammt aus dem Jahr 1920, und er trifft noch heute den Nagel auf den Kopf, wobei an die Stelle von «religiöser Zustand» ohne weiteres «mystischer Zustand» gesetzt werden kann.

Gleichzeitig ist das Interesse des Publikums am Mystikkomplex ein starkes Indiz für das kollektive Vorhandensein des Möglichkeitssinnes, der Neugier auf unbekannte Erfahrungswelten, der Sehnsucht nach dem Wunderbaren, der Lust am Geheimnisvollen. Solche Antriebskräfte werden zwar durch viele Irrlichter gefoppt, werden spiritistisch abgelenkt, ins Blaue hinein – zu Marsmännchen, fliegenden

Untertassen, medial begabten Personen, klopfenden Tischlein, zaubernden Indianern. Das Interesse jedoch, das zur Beschäftigung mit dem Paranormalen und Außersinnlichen treibt, ist aller Ehren wert. Es steht zur Ketzergesinnung in einem nahen Verwandtschaftsverhältnis.

Im Ansatz ketzerisch ist das heute verbreitete Schweifen im Esoterischen, Magischen und Irrationalen nicht nur wegen des damit verbundenen Überdrusses am dürren Betrieb der etablierten Kirchen; es transportiert auch ein gutes Mißtrauen gegenüber der Öde der technisch-wissenschaftlich geprägten Lebenswelt und der mit ihr einhergehenden Verringerung an geselligen Gebrauchsgütern aus erster Hand, als da sind: spontaner Witz, Beobachtungsgabe, Unterhaltsamkeit, Stil, Skurrilität, Gefühlreichtum, Schönheitssinn, Zuhörenkönnen, Neugier.

Um die vorhandene Ketzergesinnung zu pflegen, habe ich ihr meine Worte geliehen. Ich verlange meine Worte nicht zurück. Die Anfänger dürfen sie behalten und verwenden. Sie haben schließlich für sie bezahlt.

Und Gott? 66

Warum habe ich in meinem Buch seinen Namen so selten verwendet?

Warum habe ich nicht betont, daß es ihn gibt?

Warum habe ich nicht betont, daß es ihn nicht gibt?

Warum habe ich seinen Namen nicht betont?

Weil ich nur wenige Sätze kenne, in denen ich Gottes Namen verwenden kann ohne lügen zu müssen. Zum Beispiel diesen:

Man soll Gott mehr gehorchen als den Menschen.

Diesen Satz braucht man nur bei bestimmten Gelegenheiten, nämlich im Widerstandsfall. Und nicht einmal dann muß man ihn unbedingt verwenden.

Wenn die Anfänger damit aufhören, den Namen Gottes bei jeder Gelegenheit zu verwenden, dann hören sie auf, Anfänger zu sein.

Dann gehören sie zu den Fortgeschrittenen.

Anmerkungen

Die Zahlen am Rand verweisen auf die jeweilige Seite im Text, auf die sich die Anmerkungen beziehen. Öfters angeführte Arbeiten werden das erste Mal bibliographisch voll ausgewiesen und in der Folge abgekürzt zitiert.

17 Etwas an Mansons Weltanschauung: *Der Spiegel* 52/1974.

20 Zur gründlichen Abschreckung: *Die Religion in Geschichte und Gegenwart, Handwörterbuch für Theologie und Religionswissenschaft*, 4. Band, Tübingen 1930, Spalte 335.

26 Das Verslein: Vgl. Oldenburg, *Die Lehre der Upanischaden und die Anfänge des Buddhismus*, Göttingen 1923.

Das zweite Gebot Gottes: *Exodus* 20,7. – In den vorhergehenden Versen 3–6 (= sog. «erstes» Gebot) wird die Verwendung von Artefakten zum Zweck der Gottesverehrung untersagt, was für die damaligen Verhältnisse eine eminent religionskritische Maxime darstellt.

Trage nicht: M. Buber–F. Rosenzweig, *Die Schrift*, 4 Bände (1926–1961).

Eine andere Übersetzung: *Jerusalemer Bibel*, Freiburg: Herder, 1968.

27 An die Adresse der Vorgesetzten: Im Gegensatz zu Martin Luther, dessen Kritik an den Obrigkeiten nie prinzipiell war, sprach der Theologe Thomas Müntzer (1490–1525) den Untertanen das Recht zum gewaltsamen Widerstand gegen eine ungerechte Obrigkeit zu. Herrschaftskritisch ist die Bemerkung Müntzers, die «großen Hansen» hätten Gott «zum gemalten Männlein gemacht». In Müntzers Manifest an die Mansfelder Berggesellen wird der Aufruf zum Kampf gegen die physische Gewalt der ungerechten Behörden zugleich ein Protest gegen das (theologische) Herrschaftswissen: «Lasset euer Schwert nicht kalt werden, erlahmt nicht! Schmiedet pinkepanke auf den Ambossen Nimrods, werfet ihnen den Turm zu Boden! Es ist nicht möglich, solange sie leben, daß ihr der menschlichen Furcht leer werden solltet. Man kann euch von Gott nichts sagen, solange sie über euch regieren.» Vgl. Thomas Müntzer, *Schriften und Briefe*, Frankfurt am Main: Fischer Taschenbuch Verlag, 1973, Seite 99, 181.

31 Der Vergleich mit der Perle: Matthäus 13,45f.

32 Ludwig Wittgenstein, *Tractatus logico-philosophicus*, Frankfurt am Main: Suhrkamp, 1963, Seite 114.

Thomas Mann, *Josef und seine Brüder*, 2. Band, Frankfurt am Main: Fischer Bücherei, 1971, Seite 717, 510.

36 Julia O'Faolain–Lauro Martinez, *Not in God's Image*, New York: Harper Torchbooks, 1973, Seite XV.

Mutterrechtlich organisiert: Vgl. G. R. Taylor, *Sex in History*, New York: Harper Torchbooks, 1973, Seite 25. – Erich Fromm, *Anatomie der menschlichen Destruktivität*, Stuttgart: Deutsche Verlags-Anstalt, Seite 135–142.

J. J. Bachofen, *Mutterrecht und Urreligion*, Stuttgart: 1954.

37 Mit den Worten der Jungfrau: *Der Prozeß Jeanne d'Arc*, München: Deutscher Taschenbuch Verlag, 1961, Seite 30.

39 Gilbert Murray, *Five Stages of Greek Religion*, New York: 1930.

41 Die Regel des weisen Lao-tse: «Deshalb geht die Politik des Philosophen darauf aus, das Volk wunsch- und bedürfnislos zu machen, aber seine Bäuche zu füllen; seinen revolutionären Willen zu schwächen, aber seine Knochen hart zu machen – stets also eine Politik zu betreiben, die sich auf die Unwissenheit und das Nichtaufbegehren des Volkes stützt. So wird man auch die Intelligenz in Schach halten, daß sie nicht wagt, sich zu rühren.» (Übersetzung von Haymo Kremsmayer, Salzburg: Jgonta Verlag, 1947.)

Das hochkulturelle Bildungsmonopol der Priester- und Mandarinskasten wurde erstmals in der zweiten Hälfte des ersten vorchristlichen Jahrtausend durchkreuzt, von den Juden und den Griechen. Bei den Juden gab es eine des Lesens kundige (männliche) Oberschicht, bei den Griechen eine entwickelte Demokratie für die (männlichen) Voll-Bürger. Vgl. Talcott Parsons, *Societies*, Englewood Cliffs: Prentice-Hall, 1966, Seite 96–108.

42 Ernst Bloch, *Das Prinzip Hoffnung*, Frankfurt am Main: Suhrkamp Verlag, 1959, Seite 1518.

43 Martin P. Nilsson, *Geschichte der griechischen Religion*, München: 1955 u. 1961, Seite 653.

Auferstehungsglaube: Dessen klassenkämpferische Motorik – als Weg nach oben – ist von der akademischen Theologie bislang eher vernachlässigt worden.

49 Eine kleine Antenne: Kurt Vonnegut Jr., *The Sirens of Titan*, New York: Dell, 1971, Seite 97–105.

50 Mit sehr viel Glück: Adolf Holl, *Tod und Teufel*, Stuttgart: Deutsche Verlags-Anstalt, 1973, Seite 244.

52 Schlegel an Novalis: Vgl. Gerhard Wehr, *Jakob Böhme*, Reinbek bei Hamburg: Rowohlt, 1971, Seite 128.

53 Der Zweck der Übung: Für gründliche Anfänger mit sehr viel Freizeit kann die Übung beliebig erweitert werden. Man begebe sich in die nächste öffentliche Bibliothek und beginne mit der Lektüre des Stichwortes «Mystik» in einem der theologischen Fachlexika (der Bibliothekar wird gerne behilflich sein). Am Ende des Artikels wird man ein Literaturverzeichnis finden. Jedes der dort angeführten Bücher notiere man auf einen kleinen Zettel. Dann suche man in der Stichwortkartei der Bibliothek alle dort unter «Mystik» angegebenen Titel und notiere sie ebenfalls. Falls in der Bibliothek eine Fachzeitschrift für mystische Theologie eingestellt ist, blättere man die letzten zehn Jahrgänge dieser Zeitschrift durch und notiere alle darin angeführten Neuerscheinungen. Auf diese Weise wird man ziemlich rasch auf 50 oder 100 Zettel kommen, womit ein erster Überblick über die wissenschaftliche Mystikliteratur gewonnen ist. Sollte man der Versuchung nicht widerstehen können, sich in diese Literatur ein wenig einzulesen, dann beginne man mit R. C. Zaehner, *Mystik religiös und profan*, Stuttgart: Klett, 1957.

56 Ihr sensibles Einfühlungsvermögen: dtv-Lexikon, Band 15. München: Deutscher Taschenbuch Verlag, 1969, Seite 234.

Der Präfekt von Paris: *Studien zur Philosophie und Literatur des neunzehnten Jahrhunderts*, Band 15. Frankfurt am Main: Vittorio Klostermann, 1971, Seite 182.

Der Gutachter: a. a. O. 187.

59 Herr O.: Eine Montage aus mehreren Personen, die mich wegen religiöser Probleme konsultierten.

Opium des Volks: Karl Marx, *Zur Kritik der Hegelschen Rechtsphilosophie*, Einleitung. In: Studienausgabe in 4 Bänden, Band 1, Frankfurt am Main: Fischer Taschenbuch Verlag, 1971, Seite 17: «Das religiöse Elend ist in einem der Ausdruck des wirklichen Elendes und in einem die Protestation gegen das wirkliche Elend. Die Religion ist der Seufzer der bedrängten Kreatur, das Gemüt einer herzlosen Welt, wie sie der Geist geistloser Zustände ist. Sie ist das Opium des Volks.»

71 Einen kleinen Garten: Die Idee zu solchen Kleingarten-Anlagen stammt von Dr. Daniel Schreber († 1861), weshalb man auch von Schreber-Gärten spricht. Schreber-Gärten neigen nicht selten zur Naturmystik.

72 Unter den Jägervölkern: Einen guten Überblick über die neuere einschlägige Forschung gibt Fromm, *Destruktivität* a. a. O. 115–134. – Vgl. dazu Adolf E. Jensen, *Mythos und Kult bei den Naturvölkern*, Wiesbaden: 1960. Jensen beschäftigt sich eingehend mit verschiedenen Formen ritueller Tötung bei Pflanzervölkern und weist darauf hin, daß derlei bei den Jägern und Sammlern nicht zu finden ist. Nach Jensen stößt man erst in den archaischen Hochkulturen auf die Idee des Opfers, als einer «degenerierten Form» der pflanzerischen Tötungsrituale (a. a. O. 194–206).

73 Noah: Genesis 8,20f.

Liebe, nicht Opfer: Hosea 6,6.

Ein unbekanntes Genie: Eine materialreiche und detaillierte Studie über die Traditionsgeschichte des Opfergedankens im Christentum, von den Anfängen bis Thomas von Aquin, bietet Hans Kessler, *Die theologische Bedeutung des Todes Jesus*, Düsseldorf: Patmos, 1970.

74 Anselm von Canterbury: Kessler a. a. O. 83–165.

Erbarmen, nicht Opfer: Matthäus 9,13 und 12,7.

75 Opferbringen und Geldwesen: *Die Religion in Geschichte und Gegenwart* Band 2, Spalte 970f.

76 Mammon: Vgl. Lukas 16,9.11.13.

78 Weiblicher Masochismus: Robert F. Bales, *Personality and Interpersonal Behavior*, New York: Holt, Rinehart and Winston, 1970, Seite 286.

Die dienende Rolle der Frau: John Kenneth Galbraith, *Wirtschaft für Staat und Gesellschaft*, München: Droemer, 1974, Seite 47–56.

79 So beginnt Augustinus: Aurelius Augustinus, *Dreizehn Bücher Bekenntnisse*. Übertragen von Carl Johann Perl. Paderborn: Schöningh, 1964, Seite 190–204.

Die große Szene: *Bekenntnisse* a. a. O.

82 Nachher aber begann man zu überlegen: *Bekenntnisse* a. a. O. 143.

Als der Erhabene: Pierre Grimal (Hrsg.), *Mythen der Völker* Band 2. Frankfurt am Main: Fischer Bücherei, 1967, Seite 144f.

83 Heloise: Wolfram von den Steinen, *Der Kosmos des Mittelalters*, Bern: Francke, 1959, Seite 280–285.

Einige Briefe sind erhalten geblieben: J. T. Muckle (Hrsg.), in: Mediaeval Studies 15 (1953); 17 (1955).

85 Der Originaltext: Otto Karrer (Hrsg.), *Franz von Assisi, Legenden und Laude*. Zürich: Manesse, 1945, Seite 138f.

87 Die Kategorie des Zufälligen: Das grundlegende Paradox der Wahrscheinlichkeitsrechnung besteht darin, daß zufallsverteilte – also regello-

se – Einzelereignisse zu exakt voraussagbaren Regelhaftigkeiten werden, wenn sie in großer Zahl auftreten. (Je öfter man eine Münze wirft, desto näher gelangt man zur gleichen Anzahl von Kopf- und Adlerwürfen.) Die Wahrscheinlichkeitsrechnung führte bereits im 18. und im frühen 19. Jahrhundert zu einem Aufschwung des Versicherungswesens, fand – über Maxwell und Boltzmann – Eingang in die Physik und wird heute in allen exakten Wissenschaften angewendet. Vgl. dazu Arthur Koestler, *Die Wurzeln des Zufalls*, Bern: Scherz, 1972. – Jacques Monod, *Zufall und Notwendigkeit*, München: Piper, 1971. – Manfred Eigen – Ruthhild Winkler, *Das Spiel. Naturgesetze steuern den Zufall*, München: Piper, 1975.

Zur Kategorie des Wunderbaren: Bloch, *Prinzip Hoffnung* 1540–1550.

89 Die «Drei-Gefährten-Legende»: Karrer, *Franz von Assisi* 25 ff. Rasch begab er sich: Ebd. 47 f.

92 Mehrere alte Handschriften: Karrer, *Franz von Assisi* 143–154.
Einst kam der Papst: Karrer, *Franz von Assisi* 429–431.
Folgender Wortwechsel: Karrer, *Franz von Assisi* 137 f.

100 Im österreichischen Kaiserstaat: Vgl. Eduard Winter, *Bernard Bolzano*, Wien: Böhlau, 1967, Seite 13.

107 James Nayler: Zur Demonstration in Bristol vgl. Hugh Barbour (Hrsg.), *Early Quaker Writings*, Grand Rapids: William B. Eerdmans, 1973, Seite 481–485.

108 Die englischen Separatisten: Vgl. Rufus M. Jones, *Mysticism and Democracy in the English Commonwealth*, New York: Octagon Books, 1965.
In Cromwells Heer: Jones, *Mysticism and Democracy* 153–161.
Der mystische Feingehalt: Das staatsrechtliche Postulat von der Souveränität des Volkes läßt sich bis zu den Schriften des Wilhelm von Ockham (1285–1347) zurückverfolgen. Ockham, zum Franziskanerorden gehörig, war im Streit um das Prinzip der Besitzlosigkeit (siehe Nr. 42) auf der Seite der Radikalen, flüchtete aus dem päpstlichen Gewahrsam in Avignon zu Ludwig IV. von Bayern und wurde exkommuniziert.
Götter seid ihr: Johannes 10,34.

112 *Un bon dieu citoyen*: Hedwig Walwei-Wiegelmann (Hrsg.), *Gesellschaftskritik im Werk Heinrich Heines*, Paderborn: Schöningh, 1974, Seite 119: «Es ist der Gott, den ich am meisten liebe – nicht weil er so ein legitimer Gott ist, dessen Vater schon Gott war und seit undenklicher Zeit die Welt beherrschte: sondern weil er, obgleich ein geborener Dauphin des Himmels, dennoch, demokratisch gesinnt, keinen höfischen Zeremonialprunk liebt, weil er kein Gott einer Aristokratie von geschorenen Schriftgelehrten und galonierten Lanzenknechten, und weil er ein bescheidener Gott des Volks ist, ein Bürger-Gott, un bon dieu citoyen.»

114 Aschrams sind Dörfer, die eigens zum Zweck des Erlernens von Versenkungsübungen errichtet werden und für zahlende Gäste bereitstehen.
Japan: Einen amüsanten Erlebnisbericht über seinen Aufenthalt in einem Zen-Kloster in Kyoto schrieb Janwillem van de Wetering, *The Empty Mirror*, Boston: Houghton Mifflin, 1974. – Der Jesuitenpater Hugo M. Lassalle leitet in Japan eine ost-westliche Zen-Schule; vgl. H. M. Enomiya-Lassalle, *Zen – Weg zur Erleuchtung*, Freiburg: Herder, 1969.
Kabbala: Vgl. Gershom Scholem, *Die jüdische Mystik in ihren Hauptströmungen*, Frankfurt am Main: Alfred Metzner, 1957.

Der Kulturensprung: Der bekannteste christliche Mystiker unseres Jahrhunderts, Thomas Merton, ein Trappistenmönch aus den USA, veröffentlichte in den 50er Jahren eine Reihe einschlägiger Schriften (darunter: *Aufstieg zur Wahrheit*, Einsiedeln: Benziger, 1952). 1968 reiste Merton nach Bangkok zu einer Konferenz fernöstlicher Klostervorsteher. Für Merton war diese Reise eine lang erwartete Gelegenheit zu einer persönlichen Inspektion der buddhistischen Mystik. Merton unterhielt sich mit einer Reihe prominenter geistlicher Persönlichkeiten, unter anderem auch mit dem exilierten Dalai-Lama. Als besonders irritierend empfand Merton das Elend der Bevölkerung in Indien. In seinem – unvollendeten – Tagebuch (*The Asian Journal of Thomas Merton. New Directions*, 1973) wertet Merton die fernöstlichen Praktiken als Analogien zu seinen eigenen und zeigt sich skeptisch gegenüber einer möglichen Synthese beider. Aus seiner Reise zieht Merton die Lehre, daß sie im Grunde überflüssig gewesen sei. Merton starb am 10. Dezember 1968 in Bangkok, als er, noch naß von einer Dusche, eine schadhafte elektrische Leitung berührte.

115 Weltanschauliche Feinschmeckerei: Repräsentativ für diese Haltung ist Aldous Huxley, *The Perennial Philosophy*, London: Chatto & Windus, 1972.

Der endgültige Text: Ignatius von Loyola, *Die Exerzitien*, Einsiedeln: Johannes Verlag, 1962.

Seele Christi, heilige mich: Übersetzung Hans Urs von Balthasar, in: *Die Exerzitien* a. a. O. 5. Das Gebet taucht erstmals in einer Handschrift um 1314/20 auf, in England. Es gehört zur spätmittelalterlichen Heilandsmystik (siehe Nr. 52).

116 Wir müssen sehr achtgeben: *Die Exerzitien* a. a. O. 86.

Die Nachfolge Christi: Die Schrift unter diesem Titel ist ein Erbauungsbuch, das unter Katholiken und Protestanten eine sehr starke Verbreitung fand und bis heute gern gelesen wird. Die Frage nach dem – anonymen – Verfasser ist wissenschaftlich kontrovers. Die ältesten Handschriften stammen aus den Jahren 1424 und 1427. Die «Nachfolge Christi» ist höchstwahrscheinlich in Holland entstanden, in den Kreisen der sog. «Devotio moderna», einer klerikalen Reformbewegung mit Querverbindungen zur – teilweise ketzerischen – mittelalterlichen Mystik (siehe Nr. 56). Einflüsse der Devotio moderna auf die ignatianische Spiritualität sind nachgewiesen.

117 In seinem China-Buch: Allain Peyrefitte, *Wenn sich China erhebt*, Wien: Zsolnay, 1973, Seite 25f.

118 Darum ist es notwendig: *Die Exerzitien* a. a. O. 15.

119 Die sog. «humanistischen» Psychologen (ihr bekanntester Vertreter in den USA ist Rollo May) stehen sowohl dem Behaviorismus wie der orthodoxen Psychoanalyse kritisch gegenüber und werden gelegentlich die «dritte Kraft» innerhalb der gegenwärtigen Psychologie genannt (vgl. *Time*, 2. April 1973, S. 45). Unter ihnen finden sich neben Adlerianern und Jungianern auch Neo- und Postfreudianer (insbesondere die psychoanalytischen Ich-Psychologen), Gestaltpsychologen und Persönlichkeitsforscher. Die neue Richtung zeigt sich u. a. an Phänomenen wie Liebe, Kreativität, Imagination, Freude, Sinnfindung, Selbstverwirklichung und dergl. interessiert. Eine gute Einführung bietet Abraham H. Maslow, *Psychologie des Seins*, München: Kindler, 1973. (Maslow starb im Jahr 1970.) In den Kapiteln 6 und 7 dieses Buches findet man eine

Beschreibung der Merkmale sog. «Grenzerfahrungen».

121 Die nun folgende Kurz-Chronik: Aus der benützten Literatur nenne ich Rufus M. Jones, *The Flowering of Mysticism*, New York: Hafner, 1971; – Evelyn Underhill, *Mystik*, Bietigheim (Württemberg): Turm Verlag, o. J.; – Norman Cohn, *Das Ringen um das tausendjährige Reich*, Bern: Francke, 1961. – Herbert Grundmann, *Ketzergeschichte des Mittelalters*, Göttingen: Vandenhoek & Ruprecht, 1967.

126 Ich bin Gott worden: Norman Cohn, *Tausendjähriges Reich* 165. – Ansätze zu einer psychologischen Interpretation der Selbstvergottung bietet Maslow a. a. O. 12, 28, 73.

Gott in der Seele: Belege für eine Gottunmittelbarkeit des Subjekts finden sich (als platonisierende «Illuminationslehre») bereits bei A. Augustinus († 430). Vgl. ferner Jones, *Flowering of Mysticism* 179, 184, 191. Zum «Seelenfünklein» vgl. *Meister Eckehart – Deutsche Predigten und Traktate*, herausgegeben und übersetzt von Josef Quint. München: Hanser, 1969, Seite 21f.

Stufen zur Vollkommenheit: In den Schriften der Teresa von Avila (1515–1582) und des Johannes vom Kreuz (1542–1591) fand die bereits in der christlichen Antike nachweisbare Aufstiegslehre ihre klassische Darstellung. Vgl. *Sämtliche Schriften der hl. Theresia von Jesu*, Band 5, *Die Seelenburg*, übersetzt und bearbeitet von P. Aloysius Alkofer. München: Kösel, 1970. (Die «Seelenburg» der Teresa hat sieben Wohnungen.)

Entgröberung: Vgl. Gerhard Wehr, *Thomas Müntzer*, Reinbek bei Hamburg: Rowohlt, 1972, Seite 48f., 61. – Die Unterscheidung zwischen Grobe (oder Rohe) und Feine im Geiste ist bereits bei den mittelalterlichen Freigeistern anzutreffen und geht auf neuplatonisches Gedankengut zurück: Vgl. Cohn, *Tausendjähriges Reich*, 162f. – Weibliche Modalität: Vgl. Erik H. Erikson, *Kindheit und Gesellschaft*, Stuttgart: Klett, 1968, Seite 91–103. In Kalifornien hatte Erikson Gelegenheit, im Rahmen eines kinderpsychologischen Forschungsvorhabens das Verhalten von 150 Knaben und Mädchen bei der Lösung einer Aufgabe zu studieren, die er selbst erdacht hatte: «Ich beschaffte einen Spieltisch und eine zufällige Auswahl von Spielsachen und lud die Knaben und Mädchen der Untersuchung, jeweils einzeln, ein, hereinzukommen und sich vorzustellen, der Tisch wäre ein Filmatelier und die Spielsachen Schauspieler und Kulissen. Ich forderte die Kinder dann auf, ‹auf dem Tisch eine aufregende Szene aus einem ausgedachten Film aufzubauen›» (a. a. O., S. 92). Mit den Filmszenen hatte Erikson Pech. Unter den rund 450 Arrangements, die im Lauf von zwei Jahren auf diese Weise zustande kamen, gab es nicht mehr als ein halbes Dutzend echte Filmszenen. Erikson fährt fort: «Statt dessen arrangierten die Kinder, nach einem Moment des Nachdenkens, wie von einem inneren Vorhaben geleitet ihre Szenen, erzählten mir eine Geschichte mehr oder weniger aufregenden Inhalts und überließen mir die Aufgabe, herauszufinden, was (wenn überhaupt etwas) diese Gestaltungen bedeuteten» (S. 92f.). Im Lauf seiner Beobachtungen gewann Erikson die Einsicht, daß die Arrangements der Knaben sich von denen der Mädchen in charakteristischer Weise unterscheiden: «Der signifikanteste Geschlechtsunterschied lag in der Tendenz der Knaben, Strukturen, Gebäude, Türme oder Straßen zu bauen; die Mädchen neigten dazu, den Spieltisch als Inneres eines Hauses zu verwerten, wobei sie Bauklötze nur in einfacher Weise, in

geringer Zahl oder gar nicht benutzten. Hohe Strukturen also überwogen bei den Gestaltungen der Knaben. Aber das Gegenteil der Erhebung, der Absturz, war für sie ebenso typisch: Ruinen oder eingestürzte Strukturen fanden sich ausschließlich bei den Jungen ... Alle diese Variationen machen deutlich, daß die Variable hoch/tief eine männliche Variable ist» (S. 97). «Die Aufbauten der Knaben enthielten weniger Menschen und Tiere innerhalb eines Hauses. Eher kanalisierten sie den Verkehr von Autos, Tieren und Indianern. Und sie blockierten den Verkehr: der einzelne Polizist war die von den Jungens am häufigsten verwendete Puppenfigur» (S. 98). Anders bei den Mädchen: «Wenn ‹hoch› und ‹tief› männliche Variablen sind, dann sind ‹offen› und ‹geschlossen› weibliche Modalitäten. Von einer überwiegenden Anzahl von Mädchen wurde das Innere von Häusern ohne Wände aufgebaut ... In vielen Fällen drückten diese Interieurs ausgesprochenen Frieden aus» (S. 99). Erikson verglich seine Beobachtungen mit der Morphologie der Sexualorgane: «Auf der männlichen Seite *äußere* Organe, aufrichtbaren und eindringenden Charakters, die höchst bewegliche Spermazellen leiten; auf der weiblichen Seite *innere* Organe mit einem vorraumartigen Zugang, der zum statisch erwartenden Ovum führt» (S. 100).
Wegen dieser Theorie – Erikson führte sie in dem Essay «Inner and Outer Space: Reflections on Womanhood», in: *Daedalus*, 1964 weiter fort – wurde der Gelehrte scharf kritisiert, wegen des in seiner Theorie enthaltenen Biologismus. In seinem neuen Buch *Life History and the Historical Moment* (Norton) nimmt Erikson jedoch nichts von seinen diesbezüglichen Auffassungen zurück.
Geborgenheitsbilder: Vgl. Bloch, *Prinzip Hoffnung* S. 1536 (»Inburgtheit») und S. 1537: «Auf diese Art schmelzen in der mystischen Burg Dualismen zusammen, die in der üblichen Welt aus Ich und Nicht-Ich ihren Anhalt haben. Und eben dieser Anhalt verschwindet in der Mystischen Union, weil sie den schärfsten Dualismus selbst verschwinden läßt: die Burg hat keine Scheidewand mehr zwischen Ich und Nicht-Ich, Subjekt und Objekt, Subjekt und Substanz; sie selber ist ohne Anderheit gebaut.»

128 Mit folgender Bitte: Maslow, *Psychologie des Seins*, S. 83. (Die deutsche Übersetzung gibt «peak-experience» mit «Grenzerfahrung» wieder.)
Nun saß ich also hin: Balthasar Staehelin, *Urvertrauen und zweite Wirklichkeit*, Zürich: Editio Academica, 1973, Seite 117f.

130 Ändert euch: Vgl. beispielsweise Matthäus 3,2. Die übliche Übersetzung («kehret um», «bekehret euch») gibt die Bedeutung des (griechischen) Originals nur ungenau wieder; sinngemäß müßte es heißen: Ändert euren Sinn, denkt um. (Die am meisten verbreitete lateinische Übersetzung, die sog. «Vulgata» des Hieronymus, übersetzt die Stelle mit «paenitentiam agite», was so viel wie «tut Buße» bedeutet; in der englischen King-James-Version heißt es dementsprechend «repent ye», womit die moralisierende Tendenz, mit Sündenbewußtsein und Reue, voll ausgebildet ist. Vgl. auch Walter Jens, *Am Anfang der Stall*, Stuttgart: Kreuz Verlag, 1972, Seite 11: «Ändert euch! Tut Buße!» – Der Kompromiß, den Jens mit dieser Übersetzung macht, ist offenkundig. Eine pointierte Übersetzung mit gegenläufiger Tendenz könnte etwa lauten: Laßt euch endlich etwas Neues einfallen.)
Böhmisch-Mährische Brüder: Cohn, *Tausendjähriges Reich* 210.

131 Ein vielfältiges Eiapopeia: Der gegenwärtige Boom fernöstlicher Ver-

senkungsübungen (vgl. meinen Beitrag in der «*Weltwoche*» vom 14. 4. 1976) ist tendenziell asozial (= ungesellig) und apolitisch. Die sozialpathologischen Tatsachen (als Zunahme psychosomatischer Symptome in den Industrieländern längst registriert), denen sich der Meditationsboom strukturell verdankt, wurden während der letzten Jahre in ihren kollektiven Wirkungen durch die Krisenerscheinungen der Weltwirtschaft verstärkt und aktualisiert. In den USA, wo der Innerlichkeitstrend am deutlichsten ist, wird Vietnam und Watergate zusätzlich in Rechnung gestellt werden müssen. Das folgende Beispiel einer Tranceübung ist wegen seiner geschickten Verbindung von autogenem Training mit tiefenpsychologischen Techniken und fernöstlichem Gedankengut ausgewählt worden (Robert Masters–Jean Houston, *Mind Games*, New York: Viking Press, 1972, Seite 8–11):
«Eine kleine Gruppe befreundeter Menschen setzt sich in einem ruhigen Zimmer zusammen (kein Telefon!) und lauscht in möglichst entspannter Haltung den folgenden Anweisungen: ‹Macht es euch jetzt so bequem wie möglich, entspannt euch so gut ihr könnt und hört mir genau zu, damit ihr euch noch besser entspannen könnt. Entspannt euren Körper nach und nach. Beginnt mit den Zehen. Laßt eure Zehen ganz locker und entspannt werden. Dann den Rest der Füße und die Knöchel. Fühlt, wie die Knöchel ganz locker und entspannt werden. Fühlt, wie die Entspannung von unten herauf euren ganzen Körper ergreift, die Waden, die Knie, herauf zu den Schenkeln. Wie der ganze Körper ganz, ganz locker wird, von unten herauf, nach und nach. Jetzt wird der Unterleib locker, entspannt sich, entspannt sich, dann Bauch und Magen, herauf zur Brust, alles wird locker und gelöst. Die Finger, die Unterarme, die Ellbogen, die Oberarme. Jetzt die Schultern. Wie sie sich entspannen, wie alle Belastung aus ihnen weicht. Auch im Nacken haben wir nun das Gefühl der Lockerung, in den Kinnbacken, den Lippen, den Wangen, hinauf zu den Augen und zur Stirn und über den ganzen Kopf. Für eine kleine Weile wollen wir nun die Augen schließen und langsam aus- und einatmen, ganz entspannt. Denkt jetzt nur ans Atmen. Einatmen, Ausatmen, ein und aus, ein und aus . . . Hört mir genau zu, denn ich werde euch jetzt etwas Wichtiges und Wertvolles mitteilen. Erinnert euch jetzt ohne Vorbehalt und möglichst lebendig an einen Traum, den ihr als Kinder oftmals geträumt habt. Vielleicht habt ihr ihn vergessen, aber jetzt erinnert ihr euch an ihn, während ich euch die Einzelheiten dieses Traums ins Gedächtnis rufe. In der Nacht, als ihr noch kleine Kinder wart, hattet ihr immer wieder denselben Traum, und ihre wußtet nicht einmal, ob es sich um einen Traum handelte. Immer wieder, wie im Traum, seid ihr aus dem Bett gestiegen und durch das Zimmer zum Kasten gegangen und habt im Kasten, in der hinteren Wand des Kastens eine Tür gefunden. Niemals habt ihr diese Tür finden können, während ihr wach wart, obwohl ihr öfter nach ihr gesucht habt. Aber jetzt öffnet sie sich für euch wie im Traum, ihr geht durch sie hindurch und befindet euch jetzt vor einer Wendeltreppe. Sehr alt sieht sie aus, diese Wendeltreppe, sie ist aus Stein, und in dem schwachen Licht beginnt ihr sie jetzt hinunterzusteigen, gar nicht ängstlich, Schritt für Schritt, begierig hinunter zu kommen, Stufe um Stufe, immer tiefer, bis ihr schließlich unten angelangt seid, am Wasser, am dunklen Wasser, und da ist auch schon das Boot. Und jetzt liegt ihr ausgestreckt im Boot, laßt euch treiben und treiben, langsam schaukelt das Boot, treibt abwärts in der Stille und

Dunkelheit. Hört das Plätschern des Wassers, während das Boot sich einer Öffnung nähert und langsam durch sie hindurch ins Freie schaukelt, ins warme Sonnenlicht. Fühlt den sanften Wind, der über das Boot streicht, hört das Zwitschern der Vögel an den Ufern des Flusses, riecht den Duft frisch gemähter Wiesen ... Bis euer Boot sich dem Ufer nähert und leise knirschend auf eine flache Sandbank läuft. Ihr steigt jetzt aus und geht über eine blühende Wiese und setzt euch nieder, lehnt euch an den Stamm des großen schattigen Baumes, unter dem ihr euch niedergelassen habt, fühlt die Harmonie, in der sich diese Welt befindet, ohne Zeitgefühl, eine Welt in der es keine Trennung mehr gibt, in der ihr eins seid mit allem, was ist.» (Meine Übersetzung, mit leichten Kürzungen.)
Alchemisten: Vgl. zum folgenden Gerhard Wehr, *Esoterisches Christentum*, Stuttgart: Klett, 1975, Seite 192–208. – Walter Böhm, *Die Naturwissenschaftler und ihre Philosophie – Geistesgeschichte der Chemie.* Wien: Herder, 1961, Seite 91–116.

133 Die Gefährlichkeit der Alchemie: Über die Beziehung Avicennas zu den «treuen Genossen» und die morgenländische kirchenfremde Mystik vgl. Ernst Bloch, *Das Materialismusproblem.* Frankfurt am Main: Suhrkamp, 1972, Seite 484–489.
Ringparabel: Bloch ebd. 487. – Zu den Alchemisten an der Universität in Neapel vgl. Herbert Nette, *Friedrich II. von Hohenstaufen*, Reinbek bei Hamburg: Rowohlt, 1975, Seite 65f.

134 Adolf Holl, *Jesus in schlechter Gesellschaft*, Stuttgart: Deutsche Verlags-Anstalt, 1971, Seite 190.
Adolf Holl, *Tod und Teufel*, Stuttgart: Deutsche Verlags-Anstalt, 1973, Seite 247.

135 Der junge Marx: Friedrich Engels – Karl Marx, *Die heilige Familie, oder Kritik der kritischen Kritik*, Berlin: Dietz, 1971, Seite 135.
Einwohnung Gottes in der Materie: Das Zitat findet sich in: *Russische Ikonen*, Sonderausgabe der Zeitschrift «Das Kunstwerk». Baden-Baden: Woldemar Klein Verlag, 1951, Seite 16. (Johannes von Damaskus befand sich – im sog. Bilderstreit – auf seiten der Befürworter der Ikonen. Die Bildergegner vertraten hingegen die Auffassung, nur die Eucharistie dürfe als Christus-Ikone aufgefaßt werden, und nur in dieser Form zieme der Materie göttliche Verehrung – a. a. O. S. 21.)

136 Im Widerspruch zum zweiten Satz der Thermodynamik: Über den Zusammenhang zwischen bürgerlicher Krise und theoretischer Physik vgl. Bloch, *Materialismusproblem*, S. 338–342. – Unter «Wärmetod» versteht man jenen Zustand der Welt, in dem die Energie gleichförmig auf alle Materie verteilt ist und sich ein vollständiges thermodynamisches Gleichgewicht eingestellt hat – vgl. Eigen-Winkler, *Das Spiel*, S. 388, 162–181.

137 Urwüchsigkeit des Volksglaubens: Vgl. Max Weber, *Die Wirtschaftsethik der Weltreligionen, Gesammelte Aufsätze zur Religionssoziologie* Band 1. Tübingen: J. C. B. Mohr, 1963, Seite 544: «Alle urwüchsige, sei es magische oder mystagogische Beeinflussung der Geister und Götter im Interesse von Einzelinteressen erstrebte, neben langem Leben, Gesundheit, Ehre, Nachfahren und, eventuell, Besserung des Jenseitsschicksals, den Reichtum als selbstverständliches Ziel, die eleusinischen Mysterien ebenso wie die phönikische und vedische Religion, die chinesische Volksreligion, das alte Judentum, der alte Islam und die Verheißungen für die frommen hinduistischen und buddhistischen Laien.»

(Der – wichtige – Hinweis Webers, daß erst die sublimierte Erlösungsreligion in ein zunehmendes Spannungsverhältnis zum rationalen Wirtschaften und damit zum Reichtum geriet, kann hier nicht näher verfolgt werden.)

138 Kategorie der Veränderung: Vgl. Dorothee Sölle, *Die Hinreise*, Stuttgart, Kreuz Verlag, 1975, Seite 112: «Wieviel ‹Weg nach innen› brauchen wir, um wirkliche Veränderung herzustellen?»

142 Das Lachen der Sara: Genesis 18, 1–15.
Warum schreist du zu mir? Exodus 14,15; vgl. 17,4.
Ist er unter uns: Exodus 17,7.
Diese Entgleisung: Numeri 20,9–13.

143 Gläubig sind diese alle gestorben: Hebräerbrief 11,13–16.
Der Tod des Moses: Deuteronomium 34.
Persönliche Kennzeichen: Hebräerbrief 11,8–12.
Sie schlossen Löwenrachen: Hebräerbrief 11,33–38.

144 Ich hab nicht richtig verstanden: *Time*, 20. 10. 1975, Seite 31. (Meine Übersetzung.)
Die frühe Christenheit: Vgl. A. D. Nock, *Conversion*, London: Oxford University Press, 1972, Seite 228: «Christian, however, came to have the same sort of connotation as heretic in the Middle Ages and as Communist in America and Western Europe to-day.» (Nock, dessen Untersuchung über die religiöse Entwicklung im Mittelmeerraum zwischen Alexander dem Großen und Augustinus erstmals 1933 veröffentlicht wurde und bis heute wichtig geblieben ist, befaßt sich im 13. Kapitel seines Buches mit den landläufigen Vorstellungen, die man sich im 2. und 3. nachchristlichen Jahrhundert von den Christen machte; aus diesem Kapitel ist der oben zitierte Satz. Der darin ausgesprochene Vergleich des antiken Stereotyps «Christ» mit dem neuzeitlichen «Kommunist» dürfte kaum veraltet sein.

146 Weber, *Religionssoziologie*, Band 1, S. 251f.